Unterrichtssequenzen Hauswirtschaftlich-sozialer Bereich

Verantwortliches Handeln im integrativen Hauswirtschaftsunterricht

7. Jahrgangsstufe

Band 2

Erarbeitet von Christa Troll, Heidi Klapfenberger, Judith Wimmer

Illustrationen: Cartoonstudio Meder

Auer Verlag GmbH

Verwendete Abkürzungen:

AB: Arbeitsblatt
EL: Esslöffel
GMA: Garmachungsart
GR: Grundrezept
HsB: Hauswirtschaftlich-sozialer Bereich
LZ: Lernziel
M: Mittlere-Reife-Zug
Min.: Minuten
Msp.: Messerspitze
PAA: Praktische Arbeitsaufgabe
R: Regelklasse
TKK: Tiefkühlkost
TL: Teelöffel
US: Unterrichtssequenz
VT: Vorbereitungstechnik/Verarbeitungstechnik

Quellennachweis:

S. 23: CD-ROM-Cover, Abb. „Eat'n hills 2000 10", aid e. V. Bonn
S. 26 ff.: www.google.de, www.talkingfood.de, www.yahoo.de
S. 39: 2 Schaubilder, Globus Infografik
S. 67 ff.: Logo 5 am Tag, 5 am Tag e. V.
S. 68: Diagramm, nach aid/CMA (Hg.): Obst und Gemüse. Bioaktiver Gesundheitsschutz aus der Natur. Bonn 2001
S. 69: Diagramm, nach Iglo Vitamin Forschung: Gemüse Vitamin Studie. Hamburg
S. 70: Saisonkalender, nach CMA (Hg.): Verbrauchertipp „5 am Tag". Bonn
S. 74: Nach: Bayerisches Staatsministerium für Ernährung, Landwirtschaft und Forsten: Milch und Milchprodukte: Fragen und Antworten. München
S. 75 M.: Nach: www.ernestopauli.ch/Essen/Kochtips/Joghurt.htm
S. 82 M.: Nach: John Robbins: Food Revolution. Conari Press Berkeley, California 2001
S. 87 ff.: Qualitäts- und Ökosiegel: www.bio-siegel.de, Bayerisches Staatsministerium für Landwirtschaft und Forsten, www.bioland.de, www.demeter.de, www.naturland.de

Gedruckt auf umweltbewusst gefertigtem, chlorfrei gebleichtem und alterungsbeständigem Papier.

1. Auflage. 2005
© by Auer Verlag GmbH, Donauwörth
Alle Rechte vorbehalten
Das Werk und seine Teile sind urheberrechtlich geschützt. Jede Nutzung in anderen als den gesetzlich zugelassenen Fällen bedarf der vorherigen schriftlichen Einwilligung des Verlages.
Hinweis zu § 52 a UrhG: Weder das Werk noch seine Teile dürfen ohne eine solche Einwilligung eingescant und in ein Netzwerk eingestellt werden. Dies gilt auch für Intranets von Schulen und sonstigen Bildungseinrichtungen.
Gesamtherstellung: Ludwig Auer GmbH, Donauwörth
ISBN 3-403-04329-0

Inhalt

Vorüberlegungen 4

Der Lehrplan 5
Übersicht 5
Lernfeld Arbeit-Wirtschaft-Technik 6

Klassengebundener Lehrplan für die 7. Jahrgangsstufe (R + M), Hauswirtschaftlich-sozialer Bereich 7
Praktische Anmerkungen zum klassengebundenen Lehrplan 7
Klassengebundener Lehrplan für die 7. Jahrgangsstufe HsB mit fächerübergreifenden Hinweisen 8

Realisierung des klassengebundenen Lehrplans 15
Aktuelle Entwicklungen/Tendenzen/Trends im Haushalt 17
Nutzen des Computers zur Informationsbeschaffung und -verarbeitung 21

Unterrichtssequenzen für die 7. Jahrgangsstufe 28
Wir sind ein starkes Team! 28
Wir arbeiten das erste Mal in der Schulküche 33
Spülen von Hand – gewusst wie! 39
Erst denken, dann arbeiten! 43
Beurteilen von Einkaufsstätten und Werbestrategien 48
Gesundheitsbewusst entscheiden und handeln 54
Die Inhaltsstoffe unserer Nahrung – ein Überblick 60
Fit durchs Leben mit Obst und Gemüse – 5 am Tag 66
Milch und Milchprodukte machen munter 73
Es muss nicht immer Fleisch sein! 79
Gesunde Ernährung – die Qual der Wahl 85

Rezeptbausteine zum Austauschen 90

Rezeptverzeichnis 96

Vorüberlegungen

Die Intension dieses Buches ist es, Ihnen die tägliche Unterrichtsvorbereitung zu erleichtern und ergänzend zu den Unterrichtssequenzen im Band „Unterrichtssequenzen Hauswirtschaftlich-sozialer Bereich, 7. Jahrgangsstufe, Band 1" (Auer Verlag, Best.-Nr. **2938**) weitere Unterrichtssequenzen für die Realisierung von neuen Lerninhalten anzubieten. Beide Bände können zu einem aktuellen klassengebundenen Lehrplan (siehe S. 7 ff.) kombiniert werden. Sie sind aber auch unabhängig voneinander einsetzbar.

Folgende Bausteine finden Sie in diesem Buch:

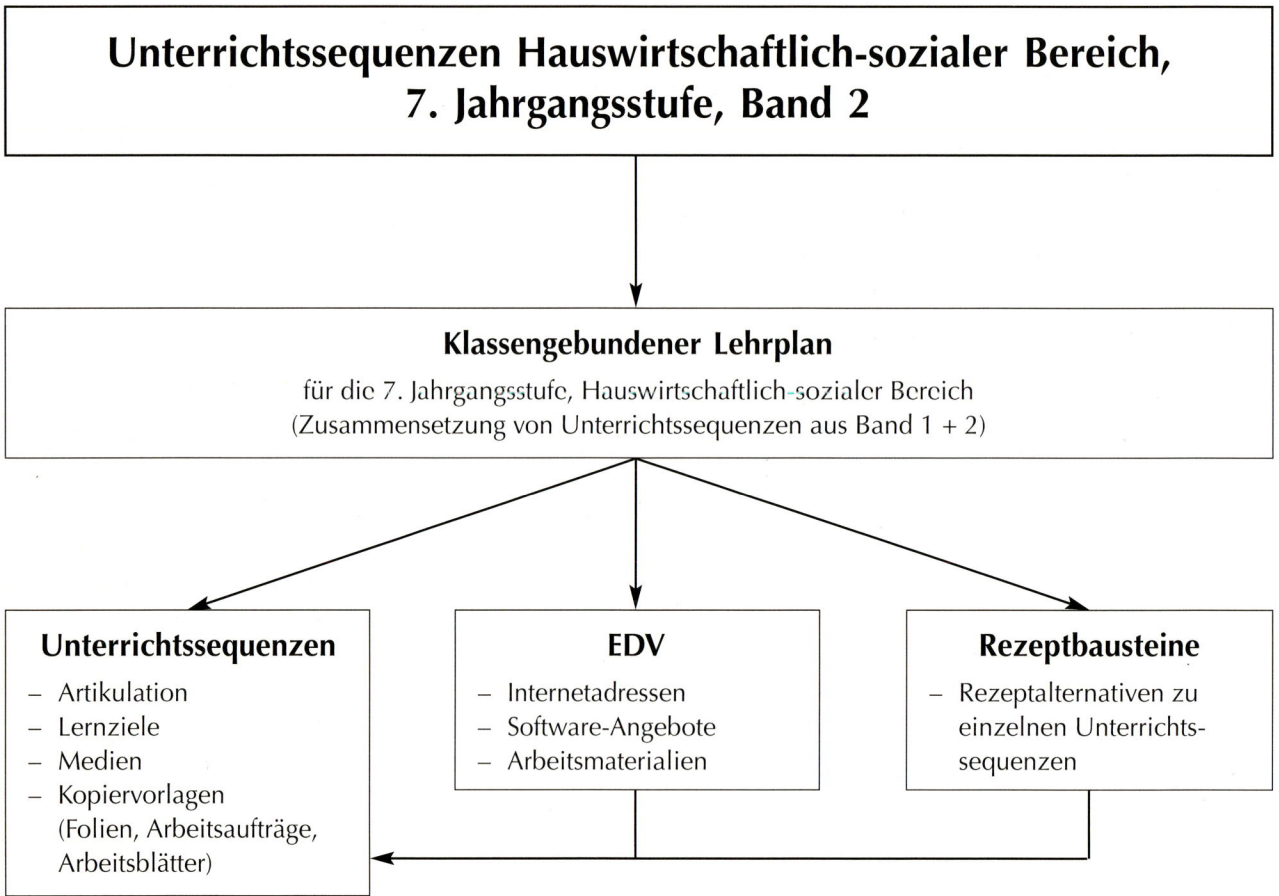

Bei der Stundenplanung sind wir immer von einer optimalen Unterrichtssituation ausgegangen. Überdenken Sie bitte Ihre eigene Situation, z. B. Schülerzahl, Sozialverhalten der Schüler, Kücheneinrichtung usw. und reduzieren Sie den Umfang je nach Leistungsstand und Interesse Ihrer Schüler.

Der Lehrplan

Übersicht

Gesellschaftliche Ziele:
- Menschenwürde
- Frieden
- Freiheitliche Ordnung
- Deutschland, Europa, Welt
- Interkulturelle Erziehung
- Umwelt

Auftrag der Hauptschule
Kapitel I

Persönliche Ziele:
- Gesundheit
- Sexualität, Partnerschaft, Familie
- Verbrauchererziehung
- Freizeit
- Medien
- Verkehrs- und Sicherheitserziehung

HsB, 7. Jahrgangsstufe
Übersicht über die Lernbereiche
Kapitel II und III

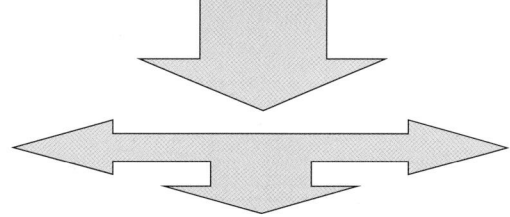

Aktuelle Entwicklungen/ Tendenzen/Trends im Haushalt
Lernbereich 5:
Aktuelle Informationen wahrnehmen

Soziales Handeln im Bezugsrahmen des Haushalts
Lernbereich 6: Soziale Verhaltensweisen in der Teamarbeit und in Betreuungssituationen
Lernbereich 7: Pflege von Esskultur als Lebensstil

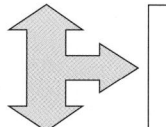
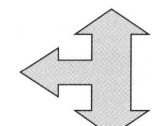

Haushalten/Ernähren
Lernbereich 1: Planen und Beschaffen
Lernbereich 2: Gesunderhalten und Ernähren
Lernbereich 3: Lebensmittel auswählen und verarbeiten
Lernbereich 4: Technische Hilfen im Haushalt nutzen

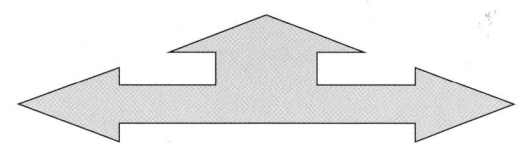

Nutzen des Computers zur Informationsbeschaffung und -verarbeitung
Lernbereich 8:
Einsatz des Computers zur Informationsbeschaffung

Projekt
Lernbereich 9:
Schüler arbeiten und wirtschaften für einen Markt

Arbeit-Wirtschaft-Technik (Leitfach), **Kommunikationstechnischer Bereich**

Nach: Lehrplan für die Hauptschule, 2004

Lernfeld Arbeit-Wirtschaft-Technik

Fächerübergreifender Unterricht und fachliche Kooperation sind wichtige Bestandteile des alltäglichen Unterrichts, da komplexe Lerninhalte meist nicht in einem einzelnen Fach vermittelt werden können. Die Lehrplaneinheit 7.9 „Schüler arbeiten und wirtschaften für einen Markt" ist als Projekt konzipiert, das unter der Leitung des Faches Arbeit-Wirtschaft-Technik in Zusammenarbeit mit den Hauswirtschaftlich-sozialen und Kommunikationstechnischen Bereichen geplant und durchgeführt werden soll.

Das Lernfeld Arbeit-Wirtschaft-Technik besteht aus folgenden Fächern (nach Lehrplan für die Hauptschule, 2004):

Leitfach	Arbeitspraktische Fächer	Jahrgangsstufe
Arbeit-Wirtschaft-Technik Jahrgangsstufe 5–9/10	Werken/Textiles Gestalten/Praktische Arbeitslehre	5–6
	Optionaler Bereich Werken/Textiles Gestalten	7–9/10
	Gewerblich-technischer Bereich	7–9/10
	Kommunikationstechnischer Bereich mit optionalem Bereich Buchführung	7–9/10
	Hauswirtschaftlich-sozialer Bereich	7–9/10

Folgende Inhalte des Lernfeldes Arbeit-Wirtschaft-Technik werden in der 7. Jahrgangsstufe behandelt (Fächerverbindungen sind mit gleicher Farbe bezeichnet):

Leitfach Arbeit-Wirtschaft-Technik
- Erster Zugang zu betrieblicher Erwerbsarbeit und Beruf
- Wirtschaften im privaten Haushalt
- Arbeit und Technik im privaten Haushalt
- Schüler arbeiten und wirtschaften für einen Markt

Hauswirtschaftlich-sozialer Bereich	Kommunikationstechnischer Bereich	Gewerblich-technischer Bereich
– Haushalten/Ernähren – Aktuelle Entwicklungen/Tendenzen/Trends im Haushalt – Soziales Handeln im Bezugsrahmen des Haushalts – Nutzen des Computers – Projekt: „Schüler arbeiten und wirtschaften für einen Markt"	– 10-Finger-Tastschreiben/Texteingabe – Dokumentbearbeitung/Dokumentgestaltung – EDV-Grundlagen – Projekt „Schüler arbeiten und wirtschaften für einen Markt": Erstellen eines Printproduktes	– Technisches Zeichnen – Projekt „Rund um das Fahrrad" – Materialbereiche Holz, Metall, Kunststoff – Technisches Umfeld – Elektrotechnik

Klassengebundener Lehrplan für die 7. Jahrgangsstufe (R + M), Hauswirtschaftlich-sozialer Bereich

Praktische Anmerkungen zum klassengebundenen Lehrplan

Einsatz in R- und M-Gruppen

Der auf den folgenden Seiten abgedruckte klassengebundene Lehrplan für die 7. Jahrgangsstufe ist sowohl für R-Gruppen (Regelklassen), als auch für M-Gruppen (Mittlere-Reife-Zug) konzipiert. Zusätzliche Lerninhalte für die M-Gruppen sind mit (M) gekennzeichnet.

Aktuelle Entwicklungen/Tendenzen/ Trends im Haushalt

Für die Umsetzung des Lernziels 7.5 „Aktuelle Informationen wahrnehmen" (R-Gruppen) bzw. 7.5. „Sich mit aktuellen Informationen auseinander setzen" (M-Gruppen) schlagen wir die Einführung von wöchentlichen Referaten durch die Schüler vor. Hinweise und Materialien für die unterrichtspraktische Umsetzung finden Sie ab S. 17.

Einsatz des Computers

Das Lernziel 7.8 „Einsatz des Computers zur Informationsbeschaffung"/7.8.1 „Informationen entnehmen" finden Sie in fast jeder Unterrichtseinheit. Dies bedeutet nicht, dass jede Woche mit dem Computer gearbeitet werden muss. Treffen Sie eine Auswahl unter Berücksichtigung der Interessen Ihrer Schüler und deren Leistungsvermögen. Für den Einsatz des Computers finden Sie getrennt von den Unterrichtssequenzen (ab S. 21) eine Auflistung von Internetadressen und Software-Angeboten und verschiedene Arbeitsblätter für den Umgang mit dem Computer. Bedenken Sie bitte, dass das Internet ein sehr schnelllebiges Medium ist und manche Internetadressen von heute morgen schon nicht mehr existieren.

Lebensmitteleinkauf

Das Lernziel 7.1.2 „Einschlägige Hilfen beim Lebensmitteleinkauf" wird als durchgängiges Unterrichtsprinzip umgesetzt. Bei den R-Gruppen werden die Einnahmen und Ausgaben von den Schülern notiert (Inhaltsverzeichnis mit Einnahmen- und Ausgabenspalte siehe S. 16). Bei den M-Gruppen findet die komplette Abrechnung des Kochgeldes durch die Schüler statt. Die Schüler sollen nach Möglichkeit selbstständig einkaufen, und zwar unter Beachtung von Preiswürdigkeit und Qualität.

Rezeptbausteine

Im klassengebundenen Lehrplan finden Sie für ein Thema oft mehrere Rezeptvorschläge vor. Wählen Sie, evtl. zusammen mit ihren Schülern, das passende Rezept aus. Am Ende dieses Buches finden Sie ab S. 90 im Kapitel „Rezeptbausteine zum Austauschen" einige weitere Rezeptbausteine, die Sie oft auch alternativ zu den Rezepten im Band 1 verwenden können.

Der pädagogische Freiraum

„Der Lehrplan geht von einem durchschnittlichen Zeitbedarf von 25 Wochen aus. Bei insgesamt etwa 37 Unterrichtswochen steht ein entsprechender Freiraum zur Verfügung, der nicht von vornherein verplant werden darf. Er kann zur vertieften Behandlung einzelner Unterrichtsinhalte, zum Eingehen auf Schülerinteressen, zum erzieherischen Gespräch und für die Gestaltung des Schullebens verwendet werden" (Lehrplan für die Hauptschule, 2004, Kapitel I).

Klassengebundener Lehrplan für die 7. Jahrgangsstufe, HsB mit fächerübergreifenden Hinweisen

Dieser aktuelle klassengebundene Lehrplan setzt sich aus Unterrichtssequenzen folgender Bücher zusammen:
1. „Unterrichtssequenzen Hauswirtschaftlich-sozialer Bereich, 7. Jahrgangsstufe, Band 1" (Auer Verlag, Best.-Nr. **2938**): grau hinterlegte Unterrichtseinheiten
2. „Unterrichtssequenzen Hauswirtschaftlich-sozialer Bereich, 7. Jahrgangsstufe, Band 2" (Auer Verlag, Best.-Nr. **4329**): im vorliegenden Band, siehe Seitenangaben

US	LZ	Praktische Arbeitsaufgabe	Thema	Seitenangabe	LZ	Fächerübergreifende Hinweise
1	7.1.1 7.2.2 7.6.1		**Wir sind ein starkes Team!** – Kennenlernen der Kücheneinrichtung – Ämterplan – Klären organisatorischer Punkte: Kochgeld, Kleidung, persönliche Hygiene, Mappenführung – Regeln im Umgang miteinander vereinbaren – Einfache Konfliktlösungsstrategien (M)	S. 28 ff.	7.2 7.2 7.2.1	**Katholische Religionslehre** Nachgeben oder sich durchsetzen – Konflikte fair austragen **Ethik** Umgang mit Konflikten **Arbeit-Wirtschaft-Technik** Auskommen mit dem Haushaltseinkommen
2	7.1.1 7.2.2 7.3.2 7.4.1 7.4.2 7.7.1	PAA: „Fürst-Pückler"-Quarkspeise *oder* Fruchtcocktail mit Joghurtsoße *oder* Früchte im Schnee VT: Pürieren, Funktionsgerechter Einsatz des elektrischen Rührgerätes	**Wir arbeiten das erste Mal in der Schulküche** – Gestalten des Arbeitsplatzes nach rationellen und ergonomischen Gesichtspunkten – Bedeutung der Hygiene für den Einzelnen und für andere: persönliche Hygiene, Hygiene am Arbeitsplatz, Hygiene bei der Lebensmittelverarbeitung – Arbeiten mit dem Rezept – Umgang mit Gebrauchsanweisungen – Unfallverhütung beim Einsatz technischer Geräte – Vergleichende Auswahl der Geräte unter wirtschaftlichen Gesichtspunkten (M)	S. 33 ff.	7.2.2 7.3.1 7.4.1	**Deutsch** Sach- und Gebrauchstexte lesen, verstehen und beurteilen **Physik/Chemie/Biologie** Gefahren im Umgang mit Elektrizität **Arbeit-Wirtschaft-Technik** Technikanwendung bei der Produktion von Gütern und Dienstleistungen

US	LZ	Praktische Arbeitsaufgabe	Thema	Seitenangabe	LZ	Fächerübergreifende Hinweise
3	7.1.1 7.2.2 7.3.2 7.7.1 (7.8.1)	PAA: Ungarischer Paprikasalat oder Chefsalat VT: Fachgerechtes Schneiden GR: Grundzutaten einer Salatmarinade	**Spülen von Hand – gewusst wie!** – Umweltbewusster Umgang mit Wasser, Energie und Reinigungsmitteln – Hygienemaßnahmen beachten und praktizieren – Vergleichende Auswahl der Geräte unter wirtschaftlichen Gesichtspunkten: Handspülen – Spülmaschine (M) – Verbrauch von Energie und Wasser kontrollieren (M)	S. 39 ff.	7.1.2 7.2.2 7.4.1	**Deutsch** Sich und andere informieren Sach- und Gebrauchstexte lesen, verstehen und beurteilen **Arbeit-Wirtschaft-Technik** Technikanwendung bei der Produktion von Gütern und Dienstleistungen
4	7.1.1 7.2.2 7.3.2 7.4.1 7.4.2 (7.8.1)	PAA: Bunte Nudelpfanne oder Tortellini in Schinken-Sahnesoße oder Kartoffel-Lauchsuppe GMA: Kochen, Dünsten	**Wir bedienen den Herd fachgerecht** – Funktionsgerechter Einsatz des Herdes – Umgang mit der Gebrauchsanweisung – Auswahl des Kochgeschirrs – Unfallgefahren, Unfallverhütung – Energiesparendes Garen – Sachgemäße und umweltfreundliche Reinigung		7.1.2 7.2.2 7.2.1 7.3.1	**Deutsch** Sich und andere informieren Sach- und Gebrauchstexte lesen, verstehen und beurteilen **Physik/Chemie/Biologie** Brandbekämpfung, Brandschutz Gefahren im Umgang mit Elektrizität
5	7.1.1 7.3.2 7.4.1 7.4.2 (7.8.1)	PAA: Pizzataschen Käsesoufflé GMA: Backen im Rohr	**Wir garen im Backofen** – Funktion des Backrohrs – Energiesparendes Backen – Auswahl des Backgeschirrs – Unfallgefahren erkennen und vermeiden – Werterhaltende Pflege von Geräten		7.1.2 7.2.1 7.3.1	**Deutsch** Sich und andere informieren **Physik/Chemie/Biologie** Brandbekämpfung, Brandschutz Gefahren im Umgang mit Elektrizität
6	7.1.1 7.2.2 7.3.2 (7.8.1)	PAA: Tomaten mit Mozzarella oder Griechischer Bauernsalat	**Mülltrennung – ein Muss!** – Müllarten und deren Entsorgungssorte – Hygiene bei der Müllsammlung		7.1.2	**Deutsch** Sich und andere informieren
7	7.1.1 7.1.2 7.3.2 (7.8.1)	PAA: Ananas-Marzipankuchen oder Kirsch-Schokoflockenkuchen VT: Aufstreichen des Teiges GMA: Backen im Rohr	**Müllvermeidung – der bessere Weg!** – Verpackungsaufwand bei Lebensmitteln – Umweltfreundliche Produkte – Einkaufsregeln für den ökologischen Einkauf – Angaben zur Umweltverträglichkeit (M) – Beurteilen von Einkaufsstätten im näheren Umfeld (M)		7.1.2 7.2.2	**Deutsch** Sich und andere informieren **Arbeit-Wirtschaft-Technik** Einkaufen für den privaten Bedarf

US	LZ	Praktische Arbeitsaufgabe	Thema	Seitenangabe	LZ	Fächerübergreifende Hinweise
8	7.3.2 7.7.1 7.7.2 (7.8.1)	PAA: Champignon-Schinken-Risotto *oder* Fischfilet mit pikantem Belag GMA: Dünsten *oder* Backen im Rohr	**Tischkultur** – Tischdecken für alltägliche Mahlzeiten – Einfache Formen des Anrichtens und Garnierens – Tischmanieren, Tischgespräche – Kultivierte Formen des Speisens als Bereicherung erfahren – Die heimische Tischkultur mit der anderer Kulturen vergleichen, interkulturelle Gemeinsamkeiten und Unterschiede diskutieren (M)		7.3 7.4 7.1.2	**Katholische Religionslehre** Muslime bei uns – einander besser verstehen **Evangelische Religionslehre** Einander begegnen – Glaube und Leben der Muslime **Deutsch** Sich und andere informieren
9	7.3.2 7.6.1 7.6.2 7.7.1 (7.8.1)	PAA: Bratapfel, Wanda *oder* Schokocrossies GMA: Backen im Rohr	**Wir planen weihnachtliches Backen und die Herstellung von Weihnachtsdekoration mit Kindern** (Projektorientierter Unterricht in der Vorweihnachtszeit mit Kindern) – Allgemeine Vorüberlegungen zum Ablauf – Kriterien zur Rezeptauswahl – Planen einer gemeinsamen Aktion (räumlich, zeitlich, personell, finanziell) – Auswahl und Erproben der gemeinsamen Aktion – Eigene Stärken und Schwächen erkennen		7.1.2	**Deutsch** Sich und andere informieren
10	7.3.2 7.6.1 7.6.2 7.7.1 (7.8.1)	PAA: Wanda und Schokocrossies, Bratapfel, Teepunsch VT: Anrichten von Plätzchen GMA: Backen im Rohr, Kochen	**Die HsB-Gruppe arbeitet und feiert mit Kindern** – In der Arbeitsgruppe konkrete Aufgaben übernehmen, mit den Kindern durchführen – Ansprechende Tischgestaltung – Ansprechendes Präsentieren von Speisen und Getränken – Umgangsformen, Tischmanieren – Nachbesprechung des projektorientierten Unterrichts		7.3 7.1.2	**Ethik** Miteinander leben und lernen **Deutsch** Sich und andere informieren
11	7.1.1 7.3.2 (7.8.1)	PAA: Paprika-Hackfleisch-Eintopf, gekochter Vollkornreis *oder* Gemüsebratlinge, Feldsalat mit Radieschen GMA: Druckgaren, Kochen *oder* Braten in der Pfanne	**Erst denken, dann arbeiten!** – Folgerichtiges Planen von Arbeiten: Vorbereitung, Durchführung – Erstellen eines Organisationsplans – Sinnvolle Nutzung von Wartezeiten – Tätigkeitszeit, Rüst- und Wartezeit (M)	S. 43 ff.	7.1.2	**Deutsch** Sich und andere informieren

US	LZ	Praktische Arbeitsaufgabe	Thema	Seitenangabe	LZ	Fächerübergreifende Hinweise	LZ
12	7.1.1 7.1.2 7.3.1 7.3.2 (7.8.1)	PAA: Äpfel im Vanille- mantel oder Apfelküchlein oder Gebackene Apfel- speise mit Vanille- soße GMA: Fritieren oder Kochen	**Einkauf von Obst und Gemüse** – Sensorische Prüftechniken: Sehen, Tasten, Riechen, Schmecken – Qualitätskennzeichen von Lebensmitteln, z. B. Frische, Regionalität, Saisonalität, Verpackungsaufwand – Biologischer und konventioneller Anbau – Preise ermitteln und vergleichen – Finanzielle Einsparmöglichkeiten bedenken		7.1.2 7.2.2	**Deutsch** Sich und andere informieren **Arbeit-Wirtschaft-Technik** Einkaufen für den privaten Bedarf	
13	7.1.1 7.1.2 7.3.2 (7.8.1)	PAA: Überbackener Birnentoast oder Überbackener Toast mit Putenbrust GMA: Überbacken	**Achte auf das Etikett!** – Lebensmittelkennzeichnung – Preisangaben – Rechte der Verbraucher: „Wie führe ich eine Reklamation durch?" – Einkaufsplanung (zukünftig als wechselnde Aufgabe der Schüler) – Angaben zur Umweltverträglichkeit (M)		7.1.2 7.2.2	**Deutsch** Sich und andere informieren **Arbeit-Wirtschaft-Technik** Einkaufen für den privaten Bedarf	
14	7.1.1 7.1.2 7.3.1		**Beurteilen von Einkaufsstätten und Werbestrategien** S. 48 ff. – Unterrichtsgang oder vorbereitende Hausaufgabe: Beurteilen von Einkaufsstätten – Preise vergleichen – Angebot und Service – Qualitätskennzeichen von Lebensmitteln beachten, z. B. Frische, Verpackungsaufwand usw. – Werbestrategien und deren Wirkung auf den Käufer beim Einkauf reflektieren (M)		7.2.2	**Arbeit-Wirtschaft-Technik** Einkaufen für den privaten Bedarf	

Unterrichtssequenzen Hauswirtschaftlich-sozialer Bereich, © Auer Verlag GmbH, Donauwörth

US	LZ	Praktische Arbeitsaufgabe	Thema	Seitenangabe	LZ	Fächerübergreifende Hinweise
15	7.2.1 7.3.1 7.3.2 (7.8.1)	PAA: Chinakohlsalat mit Früchten, Schnittlauchecken oder Salatplatte mit Dressing	**Gesundheitsbewusst entscheiden und handeln** – Eigene Ernährungsbedürfnisse wahrnehmen bzw. sich darüber bewusst werden – Faktoren für eine gesunde Lebensweise, z. B. Bewegung, Ernährung, Hygiene – Ernährungsfehler – Ernährungsempfehlungen im Hinblick auf gesundheitlichen Wert von Lebensmitteln – Ernährungskreis – Zusammenhang zwischen Ernährung und Wohlbefinden auch unter volkswirtschaftlichen Gesichtspunkten (M) – Berechnen des Body-Mass-Index mit Hilfe des Internets (M)	S. 54 ff.	7.1.2 7.1	**Deutsch** Sich und andere informieren **Sport** Gesundheit
16	7.2.1 7.3.1 7.3.2 (7.8.1)	PAA: Folienkartoffeln mit Sauerrahmsoße und Salat GMA: Backen im Rohr	**Die Inhaltsstoffe unserer Nahrung – ein Überblick** – Kennenlernen der Nährstoffe und weiterer wichtiger Bestandteile – Aufgaben der Inhaltsstoffe im Körper – Zuordnen der Nährstoffe zu den Lebensmittelgruppen des Ernährungskreises	S. 60 ff.	7.1.2 7.1.5	**Deutsch** Sich und andere informieren **Sport** Hygiene und Ernährung
17	7.2.1 7.3.1 7.3.2 7.4.1 7.4.2 (7.8.1)	PAA: Bunter Couscous-Salat oder Bunter Linsensalat mit Kräutercreme GMA: Kochen	**Fit durchs Leben mit Obst und Gemüse – 5 am Tag** – Lebensmittelgruppe Obst und Gemüse – Gesundheitlicher Wert von Obst und Gemüse – Gesundheitskampagne „5 am Tag" – 5-mal täglich Obst und Gemüse – Möglichkeiten der Umsetzung in der täglichen Speiseplanung	S. 66 ff.	7.1.2 7.1.5	**Deutsch** Sich und andere informieren **Sport** Hygiene und Ernährung
18	7.2.1 7.3.1 7.3.2 (7.8.1)	PAA: Chinapfanne mit Reis oder Putengeschnetzeltes mit Ananas und Reis GMA: Dünsten	**Den Vitamin- und Mineralstoffkillern auf der Spur** – Gefahren für Vitamine und Mineralstoffe – Nährstoffschonende Lagerung, Vorbereitung und Zubereitung – Herstellung und Verwendung von Sprossen		7.1.2	**Deutsch** Sich und andere informieren
19	7.2.1 7.3.1 7.3.2 (7.8.1)	PAA: Hirseauflauf mit Bananensoße oder Vollkorn-Laugenbrezen GMA: Backen im Rohr	**Sind Ballaststoffe wirklich Ballast?** – Lebensmittelgruppe: Brot und Getreideprodukte – Bedeutung/Aufgaben der Ballaststoffe/Faserstoffe – Sensorische Prüfung von Weißmehl- und Vollkornprodukten – Ballaststoffreiche Lebensmittel in der täglichen Speiseplanung		7.1.2	**Deutsch** Sich und andere informieren

US	LZ	Praktische Arbeitsaufgabe	Thema	Seitenangabe	LZ	Fächerübergreifende Hinweise
20	7.2.1 7.3.1 7.3.2 7.4.1 (7.8.1)	PAA: Sportler-Drink oder Beeren-Shake	**Wasser ist lebensnotwendig** – Lebensmittelgruppe: Getränke – Aufgaben des Wassers für die Gesundheit – Täglicher Flüssigkeitsbedarf – Vergleich und Bewertung verschiedener Getränke – Auswahl von Getränken hinsichtlich ihres gesundheitlichen Wertes		7.1.2 7.1.5	**Deutsch** Sich und andere informieren **Sport** Hygiene und Ernährung
21	7.2.1 7.3.1 7.3.2 (7.8.1)	PAA: Früchte im Schnee oder Fruchtcocktail mit Joghurtsoße oder Weintraubenbecher mit Knusperflocken GMA: Rösten	**Milch und Milchprodukte machen munter** S. 73 ff. – Lebensmittelgruppe: Milch und Milchprodukte – Gesundheitlicher Wert von Milch und Milchprodukten – Bedeutung von Eiweiß und Calcium für den Jugendlichen – Milch und Milchprodukte in der täglichen Speiseplanung – Evtl. interaktives Lernprogramm „Eat'n hills, 2000 10", aid (siehe auch S. 22 f.)		7.1.2	**Deutsch** Sich und andere informieren
22	7.2.1 7.3.1 7.3.2 (7.8.1)	PAA: Fisch nach mexikanischer Art oder Nudeln mit bunter Gemüsesoße GMA: Backen im Rohr	**Es muss nicht immer Fleisch sein!** S. 79 ff. – Lebensmittelgruppe: Fleisch, Fisch, Eier – Bedeutung als wichtige tierische Eiweißlieferanten – Personengruppen mit erhöhtem Eiweißbedarf – Weitere eiweißreiche Lebensmittel – Bedarfsdeckung auf Kosten der Dritten Welt? – Evtl. interaktives Lernprogramm „Eat'n hills, 2000 10", aid (siehe auch S. 22 f.)		7.1.2 7.1.5	**Deutsch** Sich und andere informieren **Sport** Hygiene und Ernährung
23	7.2.1 7.3.1 7.3.2 (7.8.1)	PAA: Blattsalat mit gebratenen Pilzen oder Gebratene Putenbrust auf Eissalat GMA: Braten in der Pfanne	**Fett ist nicht gleich Fett** – Lebensmittelgruppe: Fette – Herkunft der Fette – Bedeutung der Fette für den Körper – Sensorische Prüfung von Ölen und Fetten – Auswahl unter Berücksichtigung von Geschmack und gesundheitlichem Wert – Küchentechnische Verwendung von Fett		7.1.2	**Deutsch** Sich und andere informieren

US	LZ	Praktische Arbeitsaufgabe	Thema	Seitenangabe	LZ	Fächerübergreifende Hinweise
24	7.2.1 7.3.1 7.3.2 (7.8.1)	PAA: Käse-Wurst-Salat, Toast	**Dem Fett auf der Spur** – Versteckte Fette – sichtbare Fette – Fett-Tagesbedarf – Vergleich des Fettgehaltes verschiedener Rezepte mit unterschiedlichen Zutaten – Möglichkeiten der Fetteinsparung – Fetthaltige Lebensmittel in der täglichen Speiseplanung		7.1.2	**Deutsch** Sich und andere informieren
25	7.2.1 7.3.1 7.3.2 (7.8.1)	PAA: Kokoskugeln mit Ahornsirup oder Gebackene Mandelbanane mit Dattelsahne GMA: Backen in der Pfanne	**Zucker auf dem Prüfstand** – Lebensmittelgruppe: Süßigkeiten – Vor- und Nachteile von weißem Zucker – Zuckergehalt von Speisen und Getränken – Alternativen zu Zucker – Möglichkeiten der Zuckereinsparung in der täglichen Speiseplanung		7.1.2	**Deutsch** Sich und andere informieren
26	7.1.2 7.2.1 7.3.1 7.3.2 (7.8.1)	PAA: Pizza (selbst gemacht) im Vergleich zu Fertigpizza aus der Tiefkühltruhe GMA: Backen im Rohr	**Gesunde Ernährung – die Qual der Wahl** – Verschiedene Gütesiegel helfen bei der Wahl – Vielfalt an vorgefertigten Lebensmittel durch die Lebensmittelindustrie sichten und bewerten – Möglichkeiten der Aufwertung von vorgefertigten Lebensmitteln – Fachwissen für ein ernährungsbewusstes Verhalten gewinnen – Evtl. interaktives Lernprogramm „Eat'n hills, 2000 10", aid (siehe auch S. 22 f.)	S. 85 ff.	7.1.2 7.2.2	**Deutsch** Sich und andere informieren **Arbeit-Wirtschaft-Technik** Einkaufen für den privaten Bedarf
27	7.9: 7.9.1 7.9.2 7.9.3 7.9.4 7.9.5 7.9.6		**Schüler arbeiten und wirtschaften für einen Markt: Erstellen eines Kochbuches mit ausländischen Spezialitäten** – Angebot und Nachfrage – Planung – Beschaffung/Auswahl – Produktion eines Kochbuches und Probehäppchen – Durchführung des Verkaufs – Bewerten der Ergebnisse		7.3 7.4	**Arbeit-Wirtschaft-Technik** Schüler arbeiten und wirtschaften für einen Markt **Kommunikationstechnischer Bereich** Schüler arbeiten und wirtschaften für einen Markt

Realisierung des klassengebundenen Lehrplans

Symbole

Die Unterrichtssequenzen sind chronologisch geordnet. Folgende Symbole sollen Ihnen das Zurechtfinden in beiden Büchern (Band 1 und 2) erleichtern:

 Sie können die neuen Materialien, z. B. Rezeptbausteine, mit einer Unterrichtssequenz aus dem Band „Unterrichtssequenzen Hauswirtschaftlich-sozialer Bereich, 7. Jahrgangsstufe, Band 1" (Auer Verlag, Best.-Nr. **2938**) kombinieren.

 Arbeitsblätter für den EDV-Bereich sind mit diesem Symbol gekennzeichnet.

 Der Mittlere-Reife-Zug verlangt im Hauswirtschaftlich-sozialen Bereich ein erhöhtes Anforderungsniveau, z. B. durch intensiveres Eingehen auf Lerninhalte und durch Erweiterung von Themenbereichen. Diese so gekennzeichneten Materialien entsprechen Lernzielen für die M-Gruppen. Sie können sie natürlich auch in einer R-Gruppe einsetzen oder für Differenzierungsmaßnahmen verwenden.

Lösungsmöglichkeiten

Zu allen Arbeitsblättern finden Sie in den Unterrichtssequenzen auch ein Lösungsblatt (z. T. verkleinert) mit möglichen Antworten vor. Dies ist immer nur ein Vorschlag. Verwenden Sie Formulierungen, die im Unterrichtsgespräch von Ihren Schülern erarbeitet werden.

Differenzierung

Bei der Erarbeitung der Unterrichtssequenzen haben wir uns an der oberen Leistungsgrenze der Hauptschule orientiert. Reduzieren Sie die Anforderungen, wo immer es Ihnen nötig erscheint.
Geben Sie Ihren Schülern Wahlmöglichkeiten, z. B. bei der Sozialform (Einzel-, Partner- oder Gruppenarbeit) oder Rezeptalternativen. Dies gibt ihnen das Gefühl von Mitverantwortung und Freiheit.

Tipps für die Durchführung der Kochgeld-Buchführung

Auf der folgenden Seite finden Sie eine Kopiervorlage zur Kochgeld-Buchführung:
– Es bleibt jeder Lehrkraft selbst überlassen, ob sie bei den Einnahmen und Ausgaben die Gesamtsumme der Gruppe einträgt oder den jeweiligen Betrag pro Schüler.
– Die Abrechnung kann wöchentlich, aber auch z. B. im 4-Wochen-Rhythmus stattfinden.
– Bei einer R-Gruppe wird die Buchführung mit Hilfe der Lehrkraft stattfinden. Sie leitet die Schüler zumindest zu Beginn an und gibt die jeweiligen Ausgaben bekannt; die Schüler errechnen dann den Stand.
– Bei einer M-Gruppe sollte die Buchführung in der Hand der Schüler sein. Das könnte auch bedeuten, dass sie selbst einkaufen und den jeweiligen Kassenstand errechnen.

Hauswirtschaftlich-sozialer Bereich

Name:　　　　Klasse: 7　　　　Schuljahr:

Inhaltsverzeichnis mit Kochgeld-Buchführung

Blatt	Thema	Rezept	Einnahmen	Ausgaben	Stand

Aktuelle Entwicklungen/Tendenzen/Trends im Haushalt

Lehrplanbezug (HsB, 7. Jahrgangsstufe, Mittlere-Reife-Zug)

7.5 Sich mit aktuellen Informationen auseinander setzen

Lernziele:

Die Schüler setzen sich mit aktuellen Themenstellungen des Hauswirtschaftlich-sozialen Umfelds auseinander. Je nach Interessenlage nutzen sie dabei vielfältige Möglichkeiten der Beschaffung von Informationen und präsentieren diese in einer angemessenen Weise. Die Thematik kann „lehrplanunabhängig" sein oder sie kann aus einem Lernbereich ausgewählt werden.

Lerninhalte:

7.5.1 Aktuelle Ereignisse im Umfeld des Hauswirtwirtschaftlich-sozialen Bereichs
– aktuelle Vorkommnisse in den Bereichen Ernährung, Umwelt und Technik
– Informationen einholen (z. B. Tagespresse, Funk und Fernsehen) und strukturiert darstellen
(Lehrplan für die Hauptschule, 2004)

Unterrichtspraktische Realisierung

Eine Möglichkeit der Realisierung dieses Lernbereichs in HsB ist ein wöchentliches bzw. 14-tägiges Kurzreferat. Empfehlenswert ist eine terminliche Planung bereits zu Beginn des Schuljahres, so dass – je nach Schülerzahl – ein bis zwei Schüler pro Monat ein Referat halten. Die Themenvergabe sollte monatlich bzw. wöchentlich erfolgen, da auf aktuelle Ereignisse im Umfeld Haushalt eingegangen werden muss.
Inwiefern die Schüler beim Halten eines Referates Hilfe bedürfen, hängt stark mit den Lernvoraussetzungen aus dem Deutschunterricht zusammen. Daher ist es empfehlenswert, sich mit dem Deutschlehrer in Verbindung zu setzen.
Um Ihren Schülern am besten zu veranschaulichen, wie man ein gelungenes Referat hält, gehen Sie mit gutem Beispiel voran. Halten Sie Ihren Schülern ein Referat über „Keine Angst vor einem Referat". Als Hilfestellung für Ihre Schüler soll die Mind-Map und das Arbeitsblatt auf den folgenden Seiten dienen. Führen Sie zu den einzelnen Bereichen konkrete Beispiele aus den hauswirtschaftlichen oder sozialen Bereichen des Faches an.

Die Schüler sollten angehalten werden, stichpunktartig die Gliederung ihres Referates aufzuschreiben. Das erleichtert den Zuhörern das Mitdenken und dem Referenten das Sprechen. Der zeitliche Umfang des Referates sollte 5–10 Min. betragen. Den Referatsvortrag oder die Ausarbeitung des Referats können Sie benoten.

Dieser Themenbereich kann sehr gut mit dem Lernbereich 7.8 „Einsatz des Computers zur Informationsbeschaffung" verknüpft werden, indem Sie Informationen auch im Internet suchen lassen. Unter Punkt „Nutzen des Computers zur Informationsbeschaffung und -verarbeitung" finden Sie eine Auflistung von informativen Internetseiten und Online-Zeitschriften bzw. -Magazinen sowie von geeigneter Software (siehe S. 21 f). Zur unterrichtspraktischen Realisierung der entsprechenden Lerninhalte finden Sie eine Reihe von Arbeitsblättern, z. B. „Wie bewege ich mich im Internet" oder „Yahoo! – Suchen mit Webverzeichnissen" (S. 23 ff.). Diese können Sie je nach Bedarf und Zeit auch in die Unterrichtseinheiten (siehe S. 28 ff.) integrieren.

Natürlich ist es auch möglich, eine eigene Unterrichtseinheit zu einem aktuellen Thema, das in den Medien angesprochen wird, zu halten. Dazu können wir leider im Voraus keine Unterlagen an Sie weitergeben. Es werden aber (leider!) in den Medien immer wieder aktuelle Schlagzeilen auftreten, z. B. Lebensmittelskandale wie BSE oder Schweinepest, die auch an unseren Schülern nicht interesselos vorbeigehen.

Eine weitere Möglichkeit sind aktuelle Planungen oder Geschehnisse aus dem Umfeld der Schule, z. B. der Neubau eines Alten- und Pflegeheimes oder eines Kindergartens. Diese sozialen Einrichtungen in der Gemeinde können vielfältige Möglichkeiten der Aufarbeitung und der Auseinandersetzung darstellen. Sie können außerdem sehr gut mit dem sozialen Lernbereich in Verbindung gebracht werden.

Vor allem zu Beginn des Schuljahres werden Sie Ihren Schülern Hinweise auf aktuelle Themen geben müssen. Wenn die Schüler allerdings im Laufe des Jahres sensibilisierter werden, können sie selbst aktuelle Themenstellungen finden. Es ist auch möglich, ein umfangreicheres Thema in Partner- oder Gruppenarbeit bzw. als Projekt zu bearbeiten.

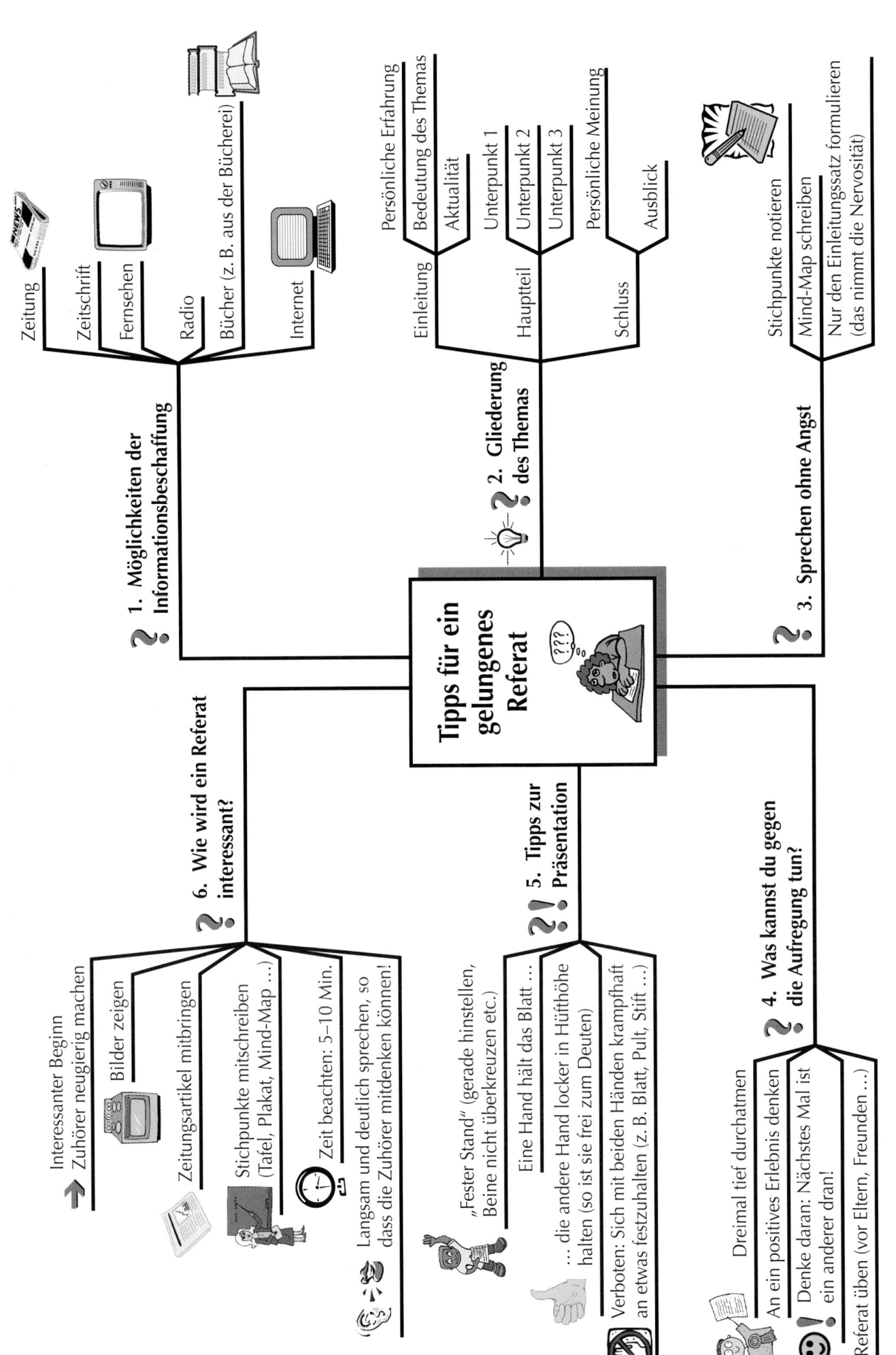

| Name: | Klasse: 7 | Datum: | HsB | Nr.: |

Tipps für ein gelungenes Referat

1. Möglichkeiten der Informationsbeschaffung

_____

2. Gliederung des Themas

1. Einleitung, z. B.: _____
2. Hauptteil, z. B.: _____
3. Schluss, z. B.: _____

3. Sprechen ohne Angst

- _____
- _____
- _____

4. Was kannst du gegen die Aufregung tun?

- _____
- _____
- _____

5. Tipps zur Präsentation

- _____
- _____
- _____
- _____

6. Wie wird ein Referat interessant?

- _____
- _____
- _____
- _____
- _____
- _____

Lösungsvorschlag zu S. 19

| Name: | Klasse: 7 | Datum: | HsB | Nr.: |

Tipps für ein gelungenes Referat

1. Möglichkeiten der Informationsbeschaffung

Zeitung, Zeitschrift, Fernsehen, Radio, Bücher, Internet

2. Gliederung des Themas

1. Einleitung, z. B.: Persönliche Erfahrung, Bedeutung des Themas, Aktualität
2. Hauptteil, z. B.: Mehrere Unterpunkte, gegliedert
3. Schluss, z. B.: Persönliche Meinung, Ausblick

3. Sprechen ohne Angst

- Stichpunkte notieren
- Mind-Map schreiben
- Nur den Einleitungssatz formulieren

4. Was kannst du gegen die Aufregung tun?

- Dreimal tief durchatmen
- An ein positives Erlebnis denken
- Denke daran: Nächstes Mal ist ein anderer dran!

5. Tipps zur Präsentation

- „Fester Stand" (gerade hinstellen, Beine nicht überkreuzen)
- Eine Hand hält das Blatt
- Die andere Hand locker in Hüfthöhe halten ➔ frei zum Deuten
- Verboten: Sich krampfhaft an etwas festzuhalten

6. Wie wird ein Referat interessant?

- Interessanter Beginn ➔ Zuhörer neugierig machen
- Bilder zeigen
- Zeitungsartikel mitbringen
- Stichpunkte mitschreiben
- Zeit beachten
- Langsam und deutlich sprechen

Nutzen des Computers zur Informationsbeschaffung und -verarbeitung

Lehrplanbezug (HsB, 7. Jahrgangsstufe, R-Gruppen)

7.8 Einsatz des Computers zur Informationsbeschaffung

Lernziele:

Die Schüler sollen den Computer als zeitgemäße Informationsquelle neben anderen Mittlern (Schulbuch, Broschüren, Artikel) nutzen und dadurch gezielt Informationen zu verschiedenen hauswirtschaftlichen Themenbereichen entnehmen können.

Lerninhalte:

7.8.1 Informationen entnehmen
- Arbeiten mit dem Internet: Informationen zu hauswirtschaftlichen Themenstellungen
- ggf. Software-Angebote zu verschiedenen Lernbereichen (Lehrplan für die Hauptschule, 2004)

Nützliche Internetadressen zu einzelnen Lernbereichen

Lernbereich	Internetadressen (Für die Richtigkeit der Adressen kann keine Garantie übernommen werden!)
Lernbereich 1: Planen und Beschaffen	www.cma.de (Centrale Marketing-Gesellschaft der deutschen Agrarwirtschaft mbH) www.vzbv.de (Verbraucherzentrale Bundesverband) www.verbraucherzentrale-bayern.de (Verbraucherzentrale Bayern) www.greenpeace.de (Greenpeace Deutschland) www.blauer-engel.de (Umweltsiegel Blauer Engel)
Lernbereich 2: Gesunderhalten und Ernähren	www.aid.de (aid infodienst) www.dge.de (Deutsche Gesellschaft für Ernährung e. V.) www.stmgev.bayern.de ⎱ (Bay. Staatsministerium für Gesundheit, www.vis-ernaehrung.bayern.de ⎰ Ernährung und Verbraucherschutz) www.verbraucherministerium.de (Bundesministerium für Verbraucherschutz, Ernährung und Landwirtschaft) www.oekolandbau.de (Bundesanstalt für Landwirtschaft und Ernährung) www.nutriinfo.de (Universität Gießen) www.ernaehrung.de (Deutsches Ernährungsberatungs- und -informationsnetz) www.d-e-f.de (Deutsches Ernährungsforum) www.hochdruckliga.de (Deutsche Hochdruckliga e. V.) www.aok.de (Allgemeine Ortskrankenkasse) www.dak.de (Deutsche Angestellten Krankenkasse) www.diabetesweb.de (CONNECT GmbH, Dialogplattform) www.gesundheitstrends.de (Gesundheitsplattform, Redaktion Gesundheitstrends) www.medivista.de (Medizin Forum Ag) www.medizin-netz.de (Deutsches Medizin-Netz) www.stada.de (STADA Arzneimittel AG)
Lernbereich 3: Lebensmittel auswählen und verarbeiten	www.talkingfood.de (Deutscher Beitrag zur europaweiten Food Safety Campaign) www.foodplaner.de (Unabhängige Ernährungsplattform, Nutrition Services) www.daskochrezept.de (i12 AG) www.lebensmittelkunde.at www.lebensmittellexikon.de (Frank Massholder)
Lernbereich 4: Technische Hilfen im Haushalt nutzen	www.baua.de (Bundesanstalt für Arbeitsschutz und Arbeitsmedizin, BauA) www.bmwa.bund.de (Bundesministerium für Wirtschaft und Arbeit)

Lernbereich 5: Aktuelle Informationen wahrnehmen (Online-Zeitungen und -Magazine)	Allg. Zeitungen und Wochenmagazine: www.sueddeutsche.de www.merkur-online.de www.zeit.de www.spiegel.de www.focus.de www.warentest.de www.oekotest.de u. v. m.	Fachzeitschriften: www.aerztezeitung.de www.fitforfun.msn.de/food www.familie.de www.kochen-und-geniessen.de www.brigitte.de www.naturkost.de www.vital.de
Lernbereich 6: Soziale Verhaltensweisen in der Teamarbeit und in Betreuungssituationen	www.bmfsfj.de (Bundesministerium für Familie, Senioren, Frauen und Jugend) www.eltern.de www.familie.de www.familienhandbuch.de (Staatsinstitut für Frühpädagogik) www.kindergarten-heute.de	
Lernbereich 7: Pflege von Esskultur als Lebensstil	www.slowfood.de (Slow Food Deutschland e. V.) www.kochatelier.de/der_gedeckte_tisch.htm (Kostenloses redaktionelles Onlineangebot)	

Softwareangebote auf dem Markt

Softwareangebote	Bestelladresse
– Eat'n hills, 2000 10 – Vollwertig essen und trinken (Für dieses Anwenderprogramm finden Sie auf der folgenden Seite ein Arbeitsblatt.) – Mineralstoffe – wer braucht was, warum? – Kennwort Lebensmittel – ein digitales Nachschlagewerk – Man nehme ... – Einkaufen, Lagern und Zubereiten von Lebensmitteln – Steckbrief Fische, Krebs- und Weichtiere – Steckbrief Gemüse und Salate – Gemüse und Kartoffeln – Steckbrief Käse – Apfel-Steckbrief – Steckbrief Küchenkräuter und Gewürze – Lebensmittel aus dem ökologischem Anbau – Vollwertig essen und trinken nach den 10 Regeln der DGE – Vita-Pyramid – Unerwünschte Stoffe in Lebensmitteln – Lebensmittelzusatzstoffe – Anwendungsgebiete, Zulassung und Kenntlichmachung – Mindestens haltbar bis ...	aid infodienst Verbraucherschutz, Ernährung, Landwirtschaft e. V. Friedrich-Ebert-Straße 3 53177 Bonn Telefon: 02 28/84 99-0 Fax: 02 28/84 99-1 77 Internet: www.aid.de E-Mail: aid@aid.de (Bitte jeweils Programmvoraussetzungen und Installationshinweise der Software beachten!)
– Ernährung Aktiv (CD-ROM für Verbraucher)	DGE-MedienService Bornheimer Str. 33 b 53111 Bonn Telefon: 02 28/9 09 26 26 (Mo.–Fr., 9–13 Uhr) Fax: 02 28/9 09 26 10 Internet: www.dge-medienservice.de E-Mail: info@DGE-MedienService.de
– 5 A Day Adventures (Unterhaltsames Ernährungswissen, Spaß mit Obst und Gemüse)	Dole Food Company, Inc., zu bestellen unter: www.food-future.de/shop.htm

| Name: | Klasse: 7 | Datum: | HsB | Nr.: |

Wir arbeiten mit dem Lernprogramm „Eat'n hills"

Tipps, die dir helfen, dich in dem Programm zurecht zu finden

1. Öffne das Softwareprogramm „Eat´n hills 2000 10" vom aid (Allgemeiner Informationsdienst).

2. Informiere dich zuerst, wie dieses Programm funktioniert.

   a) Klicke auf „Hilfe".

   b) Klicke auf die Häkchen und lies die Erklärungen.

3. Klicke auf „Menü" und du kommst zurück zur Startseite.

4. Wenn du auf dieses Symbol klickst, gelangst du einen Schritt zurück.

5. Die Lautstärke kannst du hier regulieren.

6. Klicke ein Kapitel an und bearbeite es.

7. Wenn du die Zusammenfassung über ein Kapitel erfolgreich bearbeitet hast, drucke sie aus.

8. Wenn du alle Kapitel bearbeitet hast, bist du fit für den Test. Wenn du den Test zu deiner Zufriedenheit bestanden hast, drucke das Testergebnis aus.

9. Hier kannst du das Programm beenden.

10. Klammere deine ausgedruckten Ergebnisse mit diesem Arbeitsblatt zusammen, loche sie und ordne sie in deine Mappe ein.

| Name: | Klasse: 7 | Datum: | HsB | Nr.: |

Wie bewege ich mich im Internet?

1. Die Internetadresse – URL (Uniform Resource Locator)

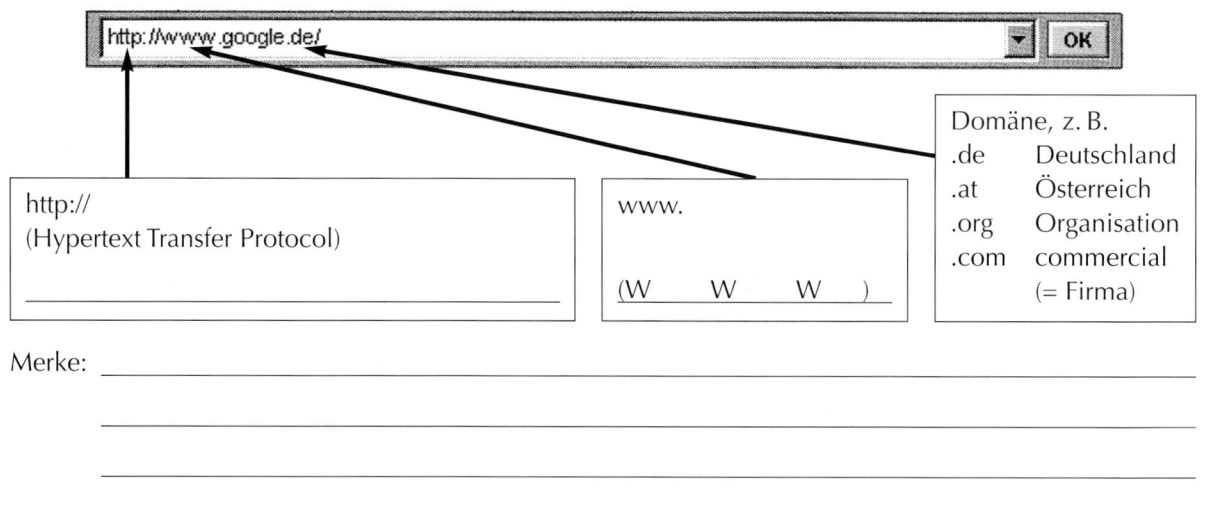

http://
(Hypertext Transfer Protocol)

www.
(W_____ W_____ W_____)

Domäne, z. B.
.de   Deutschland
.at   Österreich
.org   Organisation
.com   commercial
       (= Firma)

Merke: _____

_____

_____

2. Wie bewege ich mich auf einer Webpage?

Klicke auf die **„Zurück"-Taste**, wenn du auf die vorhergehende Seite zurückkommen willst.

Adressfeld

Mit Hilfe des Rollbalkens kannst du die Seite herauf- und herunterbewegen. Wenn du in das graue Feld unter dem Balken klickst, rutscht die Seite um eine ganze Länge weiter nach unten.

Inhaltsverzeichnis: Klicke mit der Maus auf die Rubrik, die dich interessiert. Eine neue Seite öffnet sich.

Suchfunktion: Gib einen Suchbegriff in das weiße Feld ein und klicke auf „Suche".

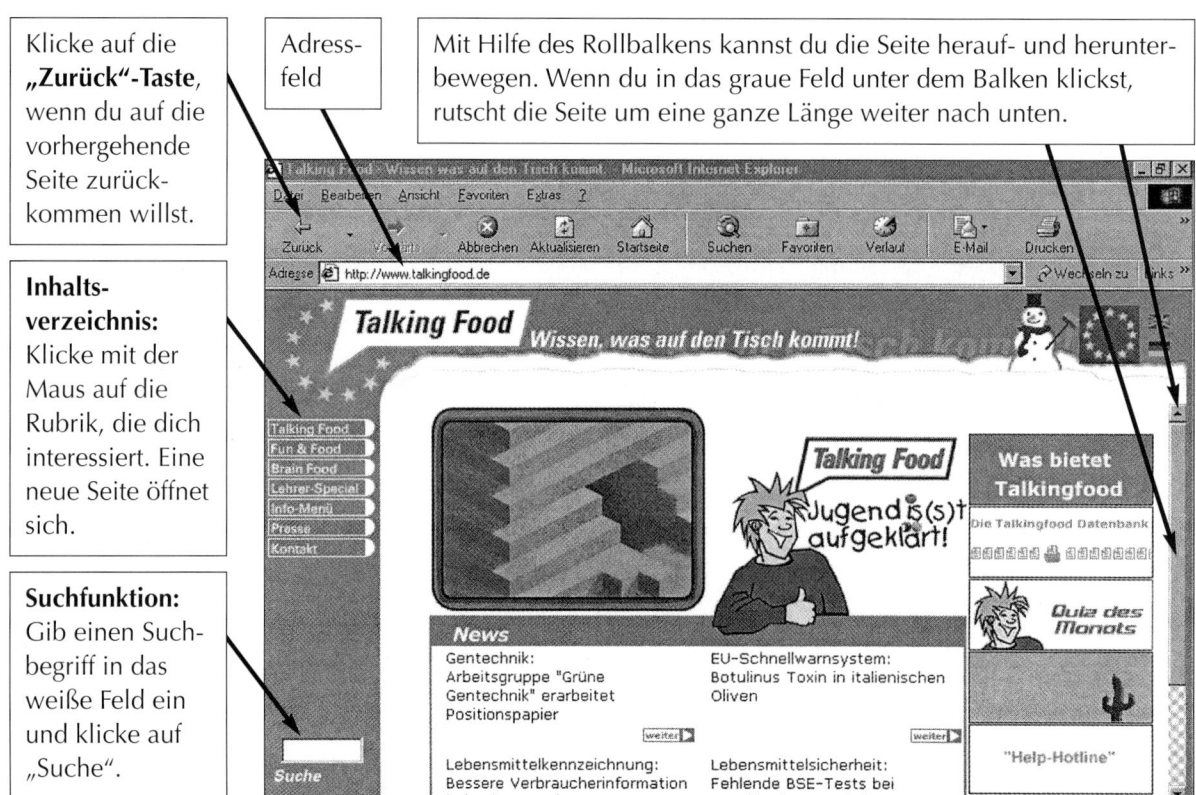

Jede Seite hat **„Hyperlinks"**. Wenn man diese anklickt, gelangt man auf eine neue Seite. „Hyperlinks" können z. B. Pfeile oder unterstrichene Begriffe sein. Wenn du mit der Maus darauf bist, verändert sich der Pfeil zu einer Hand.

| Name: | Klasse: 7 | Datum: | HsB | Nr.: |

Wie finde ich ein Rezept im Internet?

1. Die Suche mit Google

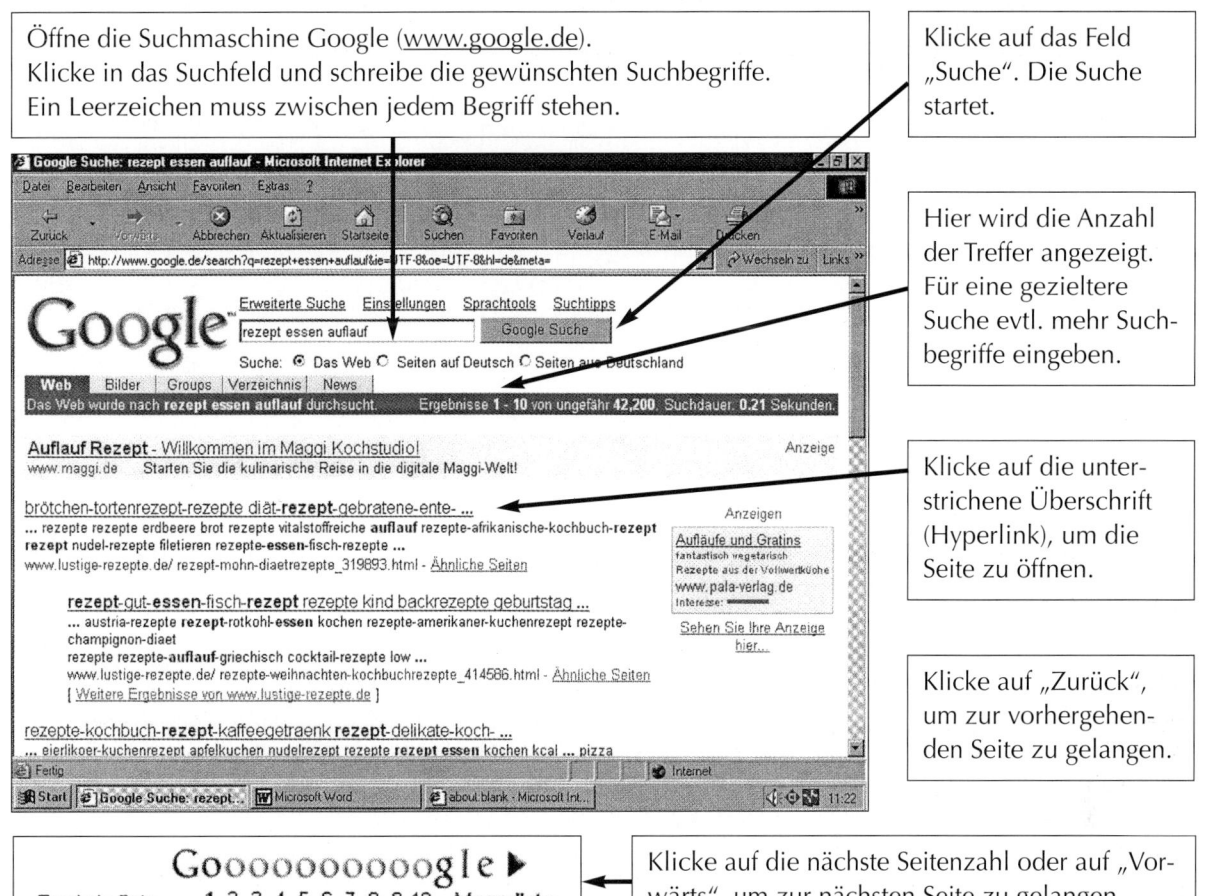

Öffne die Suchmaschine Google (www.google.de).
Klicke in das Suchfeld und schreibe die gewünschten Suchbegriffe.
Ein Leerzeichen muss zwischen jedem Begriff stehen.

Klicke auf das Feld „Suche". Die Suche startet.

Hier wird die Anzahl der Treffer angezeigt. Für eine gezieltere Suche evtl. mehr Suchbegriffe eingeben.

Klicke auf die unterstrichene Überschrift (Hyperlink), um die Seite zu öffnen.

Klicke auf „Zurück", um zur vorhergehenden Seite zu gelangen.

Klicke auf die nächste Seitenzahl oder auf „Vorwärts", um zur nächsten Seite zu gelangen.

2. Tipps für einen schnelleren Sucherfolg

Aufgabe: Ergänze die Lücken mit folgenden Wörtern:

| Anführungszeichen | Leerzeichen | Rechtschreibung | Groß- und Kleinschreibung | Bindestrich |

- Achte auf die exakte _____ beim Eintippen der Suchbegriffe.
- Die _____ spielt keine Rolle.
- Zwischen jedem Wort muss ein _____ stehen.
- Zusammengehörende Begriffe in _____ setzen, z. B. „Fürst Pückler Rolle" oder mit _____ verbinden, z. B. Fürst-Pückler-Rolle.

3. Weitere Suchmaschinen: _____

| Name: | Klasse: 7 | Datum: | HsB | Nr.: |

Yahoo! – Suchen mit Web-Verzeichnissen

Aufgaben:

1. Schreibe die Internetadresse www.yahoo.de in das Adressfeld. Die deutsche Seite der Suchmaschine Yahoo! erscheint.

2. Suche mit Hilfe des Rollbalkens das Web-Verzeichnis.

3. Klicke die Kategorie „Lifestyle" an.

4. Klicke die Unterkategorie „Essen" an.

5. Suche in den verschiedenen Kategorie-Ebenen nach dem gewünschten Rezept.

6. Drucke das Rezept aus.

Tipps für die Suche:

_____
_____
_____
_____
_____

Suche im Web: [_____] [Yahoo! Suche] • Erweiterte Suche
                                                        • Einstellungen

○ Das Web ● Seiten auf Deutsch

Lösungsvorschläge zu S. 24, 25, 26

| Name: | Klasse: 7 | Datum: | HsB | Nr.: |

Wie bewege ich mich im Internet?

1. Die Internetadresse – URL (Uniform Resource Locator)

`http://wwww.google.de/`   OK

http://
(Hypertext Transfer Protocol)
Kann meist weggelassen werden!

www.
(World Wide Web)

Domäne, z. B.
.de Deutschland
.at Österreich
.org Organisation
.com commercial
     (= Firma)

Merke: Klicke zuerst mit der Maus in das Feld. Es muss farbig unterlegt oder leer sein und der Cursor muss blinken. Schreibe den Namen der gewünschten Adresse hinein, z. B.: www.talkingfood.de. Um die Seite zu laden, drücke auf „Enter" oder klicke mit der Maus auf „OK".

Wie finde ich ein Rezept im Internet?

2. Tipps für einen schnelleren Sucherfolg

- Achte auf die exakte Rechtschreibung beim Eintippen der Suchbegriffe.
- Die Groß- und Kleinschreibung spielt keine Rolle.
- Zwischen jedem Wort muss ein Leerzeichen stehen.
- Zusammengehörende Begriffe in Anführungszeichen setzen, z. B. „Fürst Pückler Rolle" oder mit Bindestrich verbinden, z. B. Fürst-Pückler-Rolle.

3. Weitere Suchmaschinen: Yahoo, AltaVista, Lycos, WebCrawler

Yahoo! – Suchen mit Web-Verzeichnissen

Tipps für die Suche:

Wenn du in einer Unterkategorie nichts findest, klicke mit der Maus auf „Zurück". Du gelangst auf die vorhergehende Seite. Wenn du in den Web-Verzeichnissen nichts findest, kannst du auch über die Suchfunktion bei Yahoo! das gewünschte Rezept finden. Schreibe Schlüsselbegriffe in das Suchfeld und klicke auf „Suche".

Unterrichtssequenzen für die 7. Jahrgangsstufe

Wir sind ein starkes Team

Artikulation:

Anfangsphase: Wünsche, Vorstellungen und Erwartungen
1. Teilziel: Kennenlernen der Schulküche, Lernzirkel
2. Teilziel: Kennenlernen des Ämterplanes
3. Teilziel: Klären organisatorischer Punkte, z. B. Mappenführung, Schürze, Kochgeld usw.
4. Teilziel: Konfliktlösungsstrategien (M)
Schlussphase[1]: Wir formulieren Regeln für eine gute Zusammenarbeit

Lernziele:

Die Schüler sollen …
… die Einrichtung der Schulküche kennen lernen.
… die anfallenden Arbeiten vor, während und nach dem Unterricht kennen lernen und den Vorteil des Ämterplanes erklären.
… einfache Konfliktlösungsstrategien kennen lernen. (M)
… Regeln für eine gute Zusammenarbeit entwerfen.

Medien:

Arbeitsaufgaben, Schokolade, Tonpapier für Plakat, Filzstift, Arbeitsblatt

Lernzirkel oder arbeitsteilige Gruppenarbeit: Kennenlernen der Schulküche (1. Teilziel)

Jede Aufgabe mehrmals kopieren. Jede Kochgruppe kann so viele Aufgaben machen, wie sie in der vorgegebenen Zeit bewältigt. Die Gruppe mit den meisten (bzw. am besten gelösten) Aufgaben bekommt eine kleine Belohnung!

Aufgabe: Raumaufteilung

Gehe durch die Räume, die für den Hauswirtschaftlich-sozialen Bereich zur Verfügung stehen. Ergänze die Tabelle.

1. Um welche Räume handelt es sich?
2. Welche Tätigkeiten werden in dem jeweiligen Raum gemacht?

Raum	Tätigkeit

Medien:
Arbeitsaufgabe

---

[1] Die Schlussphase entspricht einer Gesamtzusammenfassung der erarbeiteten Teilziele.

Hinweis: Sollte sich Ihre Schulkücheneinteilung sehr von dieser Skizze unterscheiden, wäre eine zutreffendere Skizze für die Schüler sehr hilfreich.

Aufgabe: Aufteilung der Koje

Medien: Arbeitsaufgabe

Die Schulküche ist in kleine Küchen (= Kojen) unterteilt.
Alle Kojen sind gleich eingerichtet.

1. Wo findest du was in einer der Küchen?
   Informiere dich, indem du die Schränke in dieser Koje öffnest.
2. Trage den Inhalt mit Überbegriffen in die Zeichnung ein.

Aufgabe: Abfallentsorgung

Medien: Arbeitsaufgabe

Suche in der Schulküche die Abfallbehälter. Kannst du dir vorstellen, wofür die einzelnen Behälter sind? Fülle die Tabelle aus.

Behälter	Abfallart

Aufgabe: Findest du dich in der Küche zurecht?

Medien: Arbeitsaufgabe

Wo findest du in der Küche folgende Dinge?

Trockentücher	
Handrührgerät	
Messer	
Essgeschirr	
Töpfe	
Schneidebrett	
Backgeschirr	

Unterrichtssequenzen Hauswirtschaftlich-sozialer Bereich, © Auer Verlag GmbH, Donauwörth
Als Kopiervorlage freigegeben

Arbeitsteilige Gruppenarbeit: Konfliktlösungsstrategien (4. Teilziel)

Aufgabe: Konflikte gewinnen und verlieren

1. Lies den Text durch und überlege, welche Lösung den Konflikt am besten klärt.
2. Verbinde die Lösungen mit den passenden Positionen (Textstreifen unten). Was lernst du daraus?

Beim Essen ist nur ein kleiner Rest von Schokolade übrig.
Du und ein weiterer Schüler beginnen sich darum zu streiten, wer den Rest erhält.

Lösung A:	Lösung B:	Lösung C:
Ihr könnt euch nicht einigen und entsorgt die Schokolade im Abfall. Ihr seid beide wütend und eure Freundschaft ist belastet.	Du oder dein Freund setzt sich auf Kosten des anderen durch und erhält die Schokolade. Jeder ist wütend und möchte sich später rächen.	Ihr einigt euch und teilt die Schokolade gerecht. Ihr seid nicht wütend aufeinander.

Gewinner/Gewinner	**Verlierer/Verlierer**	**Gewinner/Verlierer**

Medien:
Arbeitsaufgabe,
1 Stück Schokolade

Aufgabe: Konflikt lösen

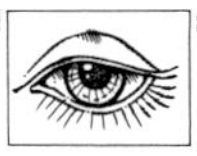

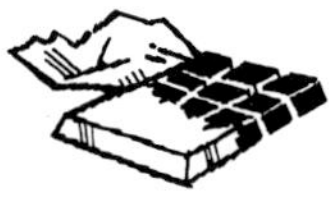

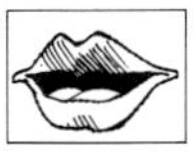

Beim Essen ist nur ein kleiner Rest Schokolade übrig. Zwei Schüler deiner Gruppe beginnen sich darum zu streiten, wer den Rest erhält. Versucht den Konflikt mit Hilfe folgender Schritte zu lösen:

1. Erklärt das Problem.
2. Sammelt mögliche Lösungsvorschläge.
3. Bewertet die verschiedenen Lösungsvorschläge.
4. Entscheidet euch für die beste Lösung.
5. Führt diese Lösungsmöglichkeit durch.
6. Beurteilt den Erfolg.

Medien:
Arbeitsaufgabe,
1 Stück Schokolade

Lösungsvorschlag zu oben

Aufgabe: Konflikte gewinnen und verlieren

1. Lies den Text durch und überlege, welche Lösung den Konflikt am besten klärt.
2. Verbinde die Lösungen mit den passenden Positionen (Textstreifen unten). Was lernst du daraus?

Beim Essen ist nur ein kleiner Rest von Schokolade übrig.
Du und ein weiterer Schüler beginnen sich darum zu streiten, wer den Rest erhält.

Lösung A: Ihr könnt euch nicht einigen und entsorgt die Schokolade im Abfall. Ihr seid beide wütend und eure Freundschaft ist belastet.

Lösung B: Du oder dein Freund setzt sich auf Kosten des anderen durch und erhält die Schokolade. Jeder ist wütend und möchte sich später rächen.

Lösung C: Ihr einigt euch und teilt die Schokolade gerecht. Ihr seid nicht wütend aufeinander.

Gewinner/Gewinner | Verlierer/Verlierer | Gewinner/Verlierer

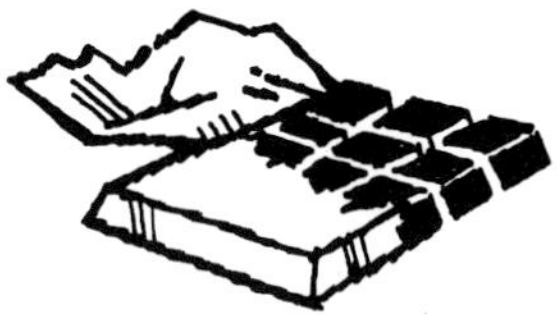

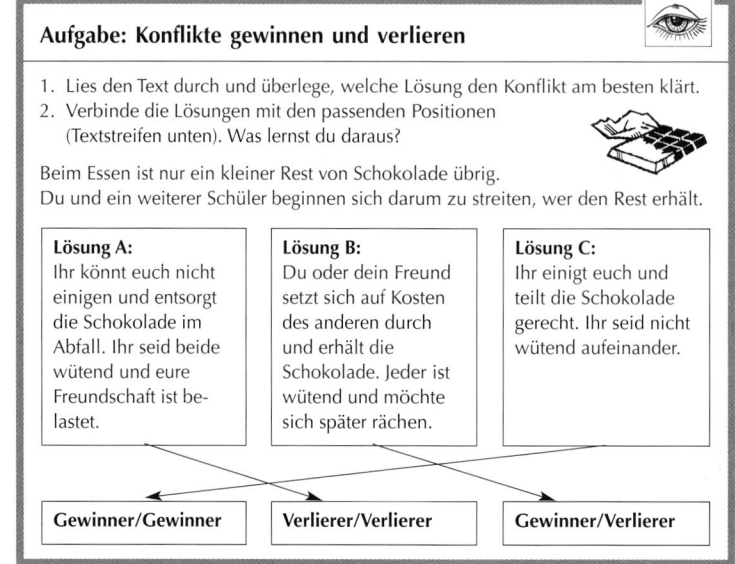

| Name: | | Klasse: 7 | Datum: | HsB | Nr.: |

Wir sind ein starkes Team

Amt	Vor dem Unterricht	Während des Unterrichts	Nach dem Unterricht
Spülamt		helfen	
Trockenamt		wir	
Herdamt		alle	
Ordnungsamt		zusammen	

Regeln für eine gute Zusammenarbeit:

_____
_____
_____
_____

Lösungsvorschlag zu S. 31

| Name: | Klasse: 7 | Datum: | HsB | Nr.: |

Wir sind ein starkes Team

Amt	Vor dem Unterricht	Während des Unterrichts	Nach dem Unterricht
Spülamt	Lappen und Trockentücher herrichten	helfen	Schmutziges Geschirr spülen, Spüle säubern
Trockenamt	Abfallteller bereitstellen	wir	Esstisch abwischen, Stühle hochstellen, Geschirr trocknen und aufräumen, Schränke kontrollieren
Herdamt	Ordnungstopf bereitstellen	alle	Herd reinigen, Abfälle trennen, Arbeitsfläche reinigen
Ordnungsamt	Lebensmittel verteilen	zusammen	Tafel wischen, Abfälle entleeren, Boden säubern, Mithilfe beim Abtrocknen und Aufräumen

Regeln für eine gute Zusammenarbeit:

Wir lösen Konflikte möglichst so, dass jeder Beteiligte zufrieden ist.

Wir versuchen, mit jedem Mitglied unserer Gruppe zusammenzuarbeiten.

Wir arbeiten möglichst ruhig.

Wir lachen keinen aus und hören einander zu.

Wenn uns etwas stört, äußern wir die Kritik ruhig.

Wir arbeiten das erste Mal in der Schulküche

Artikulation:

Anfangsphase:	Folie „Kochen – ein Kinderspiel?"
1. Teilziel:	Vorbereiten des Arbeitsplatzes, Hygiene in der Schulküche
2. Teilziel:	Zubereiten der Kochaufgabe, unfallfreie Handhabung des Handrührgerätes (Textstreifen)
Sicherung:	Plakat aus den Textstreifen herstellen
Vertiefung:	Handrührgerät oder Küchenmaschine? (M)
3. Teilziel:	Fertigstellen der Kochaufgabe
Schlussphase:	Quiz (Fragekarten)

Rezeptbausteine zum Austauschen:

– Fruchtcocktail mit Joghurtsoße, siehe S. 90
– Früchte im Schnee, siehe S. 77

Lernziele:

Die Schüler sollen …

… einen Arbeitsplatz überlegt vorbereiten.
… mögliche Unfallgefahren erkennen und Möglichkeiten zur Vermeidung wissen.
… die Handhabung des elektrischen Handrührgerätes kennen lernen.
… verschiedene Sicherheitszeichen für technische Geräte kennen.
… den Einsatz eines Handrührgerätes mit dem Einsatz einer Küchenmaschine unter wirtschaftlichen Gesichtspunkten vergleichen. (M)

Medien:

Folien, Textstreifen, Tonpapier, Klebestift, Arbeitsblatt, Fragekarten für Quiz

Folie: Kochen – ein Kinderspiel? (Anfangsphase)

Textstreifen: Umgang mit dem Rührgerät (2. Teilziel)

Vorschlag: Mit den vergrößerten Regeln kann auch ein Plakat für die Schulküche erstellt werden.

Sicherheitszeichen GS (GS = Geprüfte Sicherheit)

Das GS-Sicherheitszeichen ist eine freiwillige Kennzeichnung durch den Hersteller. Nur staatlich anerkannte Prüfstellen, wie z. B. der TÜV, können es verleihen. Derartig geprüfte Geräte garantieren, dass bei bestimmungsgemäßer Verwendung keine Gefahren hervorgerufen werden.
Bevorzuge beim Kauf immer Geräte, die mit dem Sicherheitszeichen GS gekennzeichnet sind!

VDE-Prüfzeichen (Verband Deutscher Elektrotechniker)

Dieses private Prüfzeichen ist eine freiwillige Kennzeichnung durch den Hersteller. Derartig geprüfte Geräte garantieren, dass bei bestimmungsgemäßer Verwendung keine Gefahren hervorgerufen werden.
Bevorzuge beim Kauf immer Geräte, die mit dem VDE-Prüfzeichen gekennzeichnet sind!

CE-Kennzeichnung (Communauté Européenne)

Die CE-Kennzeichnung ist innerhalb der EU (Europäischen Union) zwingend vorgeschrieben. Der Hersteller bescheinigt, dass er die EU-Richtlinien berücksichtigt hat. Das Gerät wurde nicht von einer unabhängigen Prüfstelle geprüft. Die CE-Kennzeichnung ist daher kein Prüfzeichen.

Regeln zur unfallfreien Bedienung des Handrührgerätes:

Setze zuerst die Rührwerkzeuge ein, stecke dann den Netzstecker ein!

Greife nie mit der Hand oder einem Löffel in die Schüssel, wenn das Rührgerät angeschaltet ist!

Bringe keinen Mehlstaub in die Luftöffnungen (Überhitzungsgefahr)!

Schalte das Gerät aus, bevor du es aus der Schüssel nimmst (Spritzgefahr)!

Rüste in umgekehrter Reihenfolge ab: zuerst Netzstecker, dann Rühreinsatz ausstecken!

Reinige das Gerät und das Kabel nach jedem Gebrauch mit einem feuchten Tuch. Lege das Gerät niemals ins Wasser!

Lasse Reparaturen immer vom Fachmann durchführen!

Folie oder Arbeitsaufgabe (Vertiefung 3. Teilziel)

Handrührgerät oder Küchenmaschine?

Aufgabe: Vergleiche die beiden Geräte.
Vervollständige die Tabelle.

	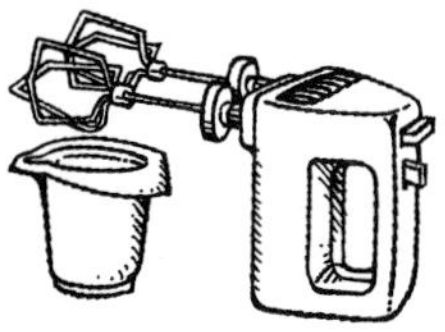 Handrührgerät	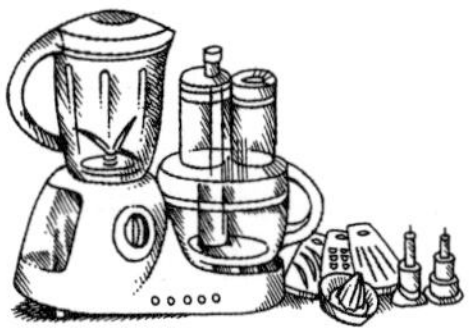 Küchenmaschine
Preis	20–30 €	50–300 €
Funktionen	Mixen, Rühren, Kneten, Pürieren	Mixen, Rühren, Kneten, Pürieren, Schnitzeln, Raspeln, Getreide mahlen etc.
Bedienung		
Reinigung		
Platzbedarf		

Aufgabe: Welches Gerät würdest du folgenden Haushalten empfehlen?

Haushalt	Gerät
Single-Haushalt, Person selten zu Hause, kocht ungern	
Mehrpersonenhaushalt, Familienmitglieder bereiten die Mahlzeiten meistens selbst zu, experimentierfreudige Hobbyköche	
Allein erziehender Vater mit einem Kind, knappes Haushaltsbudget	

Quiz (Schlussphase)

Quizkärtchen kopieren, an der Mittellinie falten, zusammenkleben, schneiden, evtl. die Kärtchen wegen besserer Haltbarkeit laminieren.

Frage:		Antwort:
Was sagt das VDE-Prüfzeichen aus?		Dieses Zeichen garantiert, dass bei richtiger Verwendung keine Gefahren hervorgerufen werden.

Frage:		Antwort:
Wie heißt dieses Zeichen?		Geprüfte Sicherheit

Frage:		Antwort:
Für welche Länder gilt die CE-Kennzeichnung?		EU (Europäische Union)

Unterrichtssequenzen Hauswirtschaftlich-sozialer Bereich, © Auer Verlag GmbH, Donauwörth
Als Kopiervorlage freigegeben

Frage:	Antwort:
Was beachtest du beim Einsetzen der Rührwerkzeuge in das Handrührgerät?	Der Netzstecker darf nicht in der Steckdose stecken. Die richtige Einstecköffnung.

Frage:	Antwort:
Was beachtest du beim Reinigen des Handrührgerätes?	Das Gerät niemals ins Wasser stellen! Nur feucht abwischen.

Frage:	Antwort:
Nenne den Fachbegriff für das Verarbeiten von weichen Lebensmitteln zu Brei.	Pürieren.

Frage:	Antwort:
Wo legst du schmutziges Arbeitsbesteck ab?	Niemals auf der Arbeitsfläche! Ich verwende eine Unterlage, z. B. einen Teller.

Frage:	Antwort:
Was beachtest du beim Schlagen von Sahne?	Ich greife nicht in die Schlüssel. Ich nehme das Handrührgerät während des Schlagens nicht aus der Schüssel. Ich schlage die Sahne nicht zu lange, damit keine Butter entsteht.

Frage:	Antwort:
Nenne einen Fachbegriff für das Einschlagen von Luft in eine Masse, z. B. Sahne.	Schaumig rühren.

Frage:	Antwort:
Nenne einige Regeln für persönliche Hygiene.	Vor dem Kochen immer Hände waschen. Eine saubere Schürze anziehen. Lange Haare zusammenbinden. Wunden verbinden.

Frage:	Antwort:
Nenne einen Fachbegriff für das Verzieren.	Garnieren.

Frage:	Antwort:
Wie kannst du verhindern, dass sich die Banane braun färbt?	Ich beträufle sie mit etwas Zitronensaft.

| Name: | Klasse: 7 | Datum: | HsB | Nr.: |

Wir arbeiten das erste Mal in der Schulküche: Hygiene ist wichtig!

Persönliche Hygiene

Hygiene im Umgang mit den Lebensmitteln

Hygiene am Arbeitsplatz

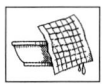

„Fürst-Pückler"-Quarkspeise

Menge	Zutaten	Zubereitung
1 Becher	Sahne	– Sahne schlagen
500 g	Magerquark	
100 ml	Milch	– Quark mit Milch und Zucker schaumig rühren
2–3 EL	Zucker	– Sahne unterheben
		– Masse auf 3 Schüsseln verteilen
einige	Himbeeren	– Himbeeren mit einer Gabel pürieren und unter ein Drittel rühren
2 EL	Instantkakao	– Kakao unter das nächste Drittel rühren
½	Banane	– Bananenstücke mit einer Gabel pürieren, mit Zitrone beträufeln und unter das letzte Drittel rühren
1 TL	Zitronensaft	– in Dessertgläser abwechselnd den Himbeerquark, den Schokoladenquark und den Bananenquark einfüllen
2–3 EL	Schokoraspel	– mit Schokolade und Himbeeren garnieren
einige	Himbeeren	

Tipp: Eine Geschmacksrichtung allein schmeckt auch gut und geht schneller.

Unfallverhütung im Haushalt – vorsichtiger Umgang mit elektrischen Geräten:

Lösungsvorschlag zu S. 35

Handrührgerät oder Küchenmaschine?

Aufgabe: Vergleiche die beiden Geräte.
Vervollständige die Tabelle.

	Handrührgerät	Küchenmaschine
Preis	20–30 €	50–300 €
Funktionen	Mixen, Rühren, Kneten, Pürieren	Mixen, Rühren, Kneten, Pürieren, Schnitzeln, Raspeln, Getreide mahlen etc.
Bedienung	einfach	komplizierter
Reinigung	leicht	aufwändiger
Platzbedarf	gering	höher

Aufgabe: Welches Gerät würdest du folgenden Haushalten empfehlen?

Haushalt	Gerät
Single-Haushalt, Person selten zu Hause, kocht ungern	Handrührgerät
Mehrpersonenhaushalt, Familienmitglieder bereiten die Mahlzeiten meistens selbst zu, experimentierfreudige Hobbyköche	Küchenmaschine
Allein erziehender Vater mit einem Kind, knappes Haushaltsbudget	Handrührgerät

Lösungsvorschlag zu S. 37

Name: _____ Klasse: 7 Datum: _____ HsB Nr.: _____

Wir arbeiten das erste Mal in der Schulküche: Hygiene ist wichtig!

Persönliche Hygiene
- Wasche die Hände mit Seife!
- Verbinde Wunden sofort!
- Trage eine saubere Schürze!
- Binde die Haare zusammen!

Hygiene im Umgang mit den Lebensmitteln
- Verwende einen Probierlöffel!
- Verwende nur saubere Geräte!
- Lagere Lebensmittel kühl und verpackt!

Hygiene am Arbeitsplatz
- Verwende Abfallschüssel, -teller!
- Wische die Arbeitsfläche gründlich sauber!
- Wasche Lappen/Tücher häufig!

„Fürst-Pückler"-Quarkspeise

Menge	Zutaten	Zubereitung
1 Becher	Sahne	– Sahne schlagen
500 g	Magerquark	– Quark mit Milch und Zucker schaumig rühren
100 ml	Milch	– Sahne unterheben
2–3 EL	Zucker	– Masse auf 3 Schüsseln verteilen
einige	Himbeeren	– Himbeeren mit einer Gabel pürieren und unter ein Drittel rühren
2 EL	Instantkakao	– Kakao unter das nächste Drittel rühren
½	Banane	– Bananenstücke mit einer Gabel pürieren, mit Zitrone beträufeln und unter das letzte Drittel rühren
1 TL	Zitronensaft	– in Dessertgläser abwechselnd den Himbeerquark, den Schokoladenquark und den Bananenquark einfüllen
2–3 EL	Schokoraspel	– mit Schokolade und Himbeeren garnieren
einige	Himbeeren	

Tipp: Eine Geschmacksrichtung allein schmeckt auch gut und geht schneller.

Unfallverhütung im Haushalt – vorsichtiger Umgang mit elektrischen Geräten:
- Greife nicht mit der Hand in ein laufendes Gerät!
- Netzstecker vor dem Herausnehmen der Rührbesen ziehen!
- Bevorzuge beim Kauf Geräte, die mit diesen Zeichen gekennzeichnet sind!

Spülen von Hand – gewusst wie!

Artikulation:

Anfangsphase: Folien „Wasserverbrauch"
1. Teilziel: Vorbereiten und Schneiden von Gemüse
2. Teilziel: Fachgerechtes Spülen
3. Teilziel: Fertigstellen der Kochaufgabe
Schlussphase: Handspülen oder Geschirrspülmaschine? (M)

Lernziele:

Die Schüler sollen ...

... die Verteilung des Wasserverbrauches im privaten Haushalt realisieren und Möglichkeiten der Einsparung finden.
... Gemüse fachgerecht vorbereiten und schneiden.
... das Handspülen mit dem Spülen in der Geschirrspülmaschine vergleichen. (M)

Rezeptbaustein zum Austauschen:

Chefsalat, siehe S. 91

Medien:

Folien, Arbeitsblätter

Folien: Wasserverbrauch (Anfangsphase)

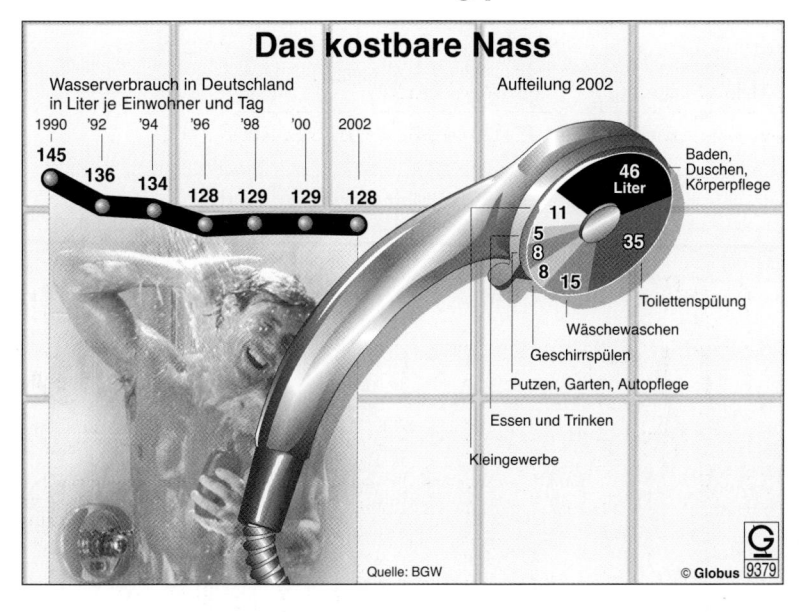

Das kostbare Nass

Wasserverbrauch in Deutschland in Liter je Einwohner und Tag

Jahr	1990	'92	'94	'96	'98	'00	2002
Liter	145	136	134	128	129	129	128

Aufteilung 2002:
- 46 Liter: Baden, Duschen, Körperpflege
- 35: Toilettenspülung
- 15: Putzen, Garten, Autopflege
- 11: Wäschewaschen
- 8: Geschirrspülen
- 8: Kleingewerbe
- 5: Essen und Trinken

Quelle: BGW © Globus 9379

Ein Tag Wasser

Durchschnittlicher Haushalts-Wasserverbrauch* je Einwohner und Tag in Liter

Belgien	122
Deutschland	129
Dänemark	136
Spanien	145
Großbritannien	147
Frankreich	151
Finnland	155
Polen	158
Österreich	160
Niederlande	166
Luxemburg	170
Schweden	188
Italien	213
Schweiz	237
Kanada	255
Australien	256
Norwegen	260
Japan	278
USA	295

*einschl. Kleingewerbe; jeweils letzter verfügbarer Stand
Quelle: BGW, OECD, IWSA © Globus 7675

| Name: | | Klasse: 7 | Datum: | HsB | Nr.: |

Energiesparendes Spülen

	Neue Geschirr-spülmaschine	**Alte Geschirr-spülmaschine**	**Handspülen** (gleiche Geschirrmenge)
Wasserverbrauch	18 Liter	50 Liter	40 Liter
Stromverbrauch	1,6 kWh	2,6 kWh	2,0 kWh
Zeitaufwand	15 Minuten *	15 Minuten *	45–60 Minuten

(Quelle: www.Stadtwerke-Osnabrück)   * Ein- und Ausräumen

Jährlicher Wasser- und Stromverbrauch von Geschirrspülmaschinen in Bezug auf die Haushaltsgröße:

	Haushaltsgröße	
	1 Person	3 Personen
Stromverbrauch	100 kWh	220 kWh
Wasserverbrauch	2 m³	3 m³

(Quelle: Bayerisches Staatsministerium für Verbraucherschutz, 2003)

Merke: _____
_____
_____

Aufgabe: Bezieht sich die Regel auf das Handspülen oder auf das Spülen mit der Spülmaschine? Ordne mit Pfeilen zu.

Schalte die Maschine nur ein, wenn sie ganz gefüllt ist.

Schließe die Tür, damit Speisereste nicht antrocknen.

Starke Verschmutzungen einweichen und vorspülen.

Geschirr nicht vorspülen, sondern nur die Speisereste grob entfernen.

Wähle das Sparprogramm bei gering verschmutztem Geschirr.

Beginne das Spülen mit den Gläsern.

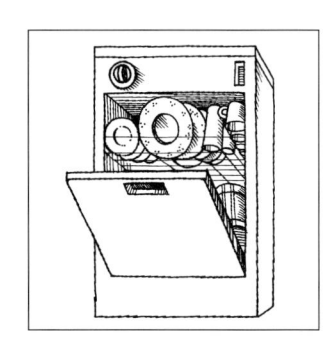

Name:	Klasse: 7	Datum:	HsB	Nr.:

Spülen von Hand – gewusst wie!

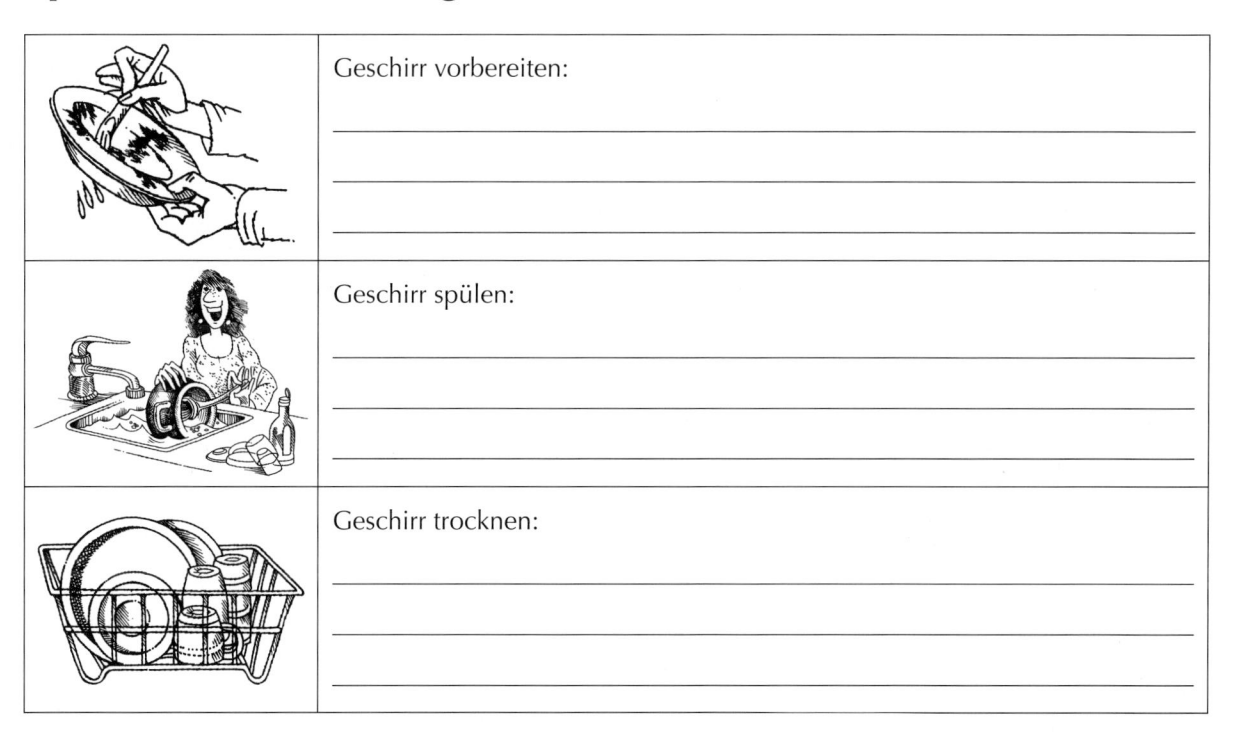

Geschirr vorbereiten:
_____
_____
_____

Geschirr spülen:
_____
_____
_____
_____

Geschirr trocknen:
_____
_____
_____
_____
_____

Wir spülen umweltbewusst und sparen Wasser und Energie!

Ungarischer Paprikasalat

Menge	Zutaten	Zubereitung
1	grüne Paprika	– Paprikas putzen, waschen, in sehr dünne Streifen schneiden
1	rote Paprika	
½	Zwiebel	– Zwiebel schälen, halbieren, in hauchdünne Ringe schneiden
½ Dose	Mais	– Mais in einem Sieb abtropfen lassen
100 g	Paprikasalami (dünn geschnitten)	– Salami in Streifen schneiden
		– Zutaten in einer Schüssel mischen
	Marinade:	**Schneiden wie ein Profi!**
3 EL	saure Sahne	_____
1 EL	Essig	
etwas	Salz, Pfeffer, Paprika	– alle Zutaten der Marinade miteinander verrühren und abschmecken, Salat marinieren
1	Knoblauchzehe (zerdrückt)	
½ Bund	Schnittlauch	– in feine Röllchen schneiden und den Salat damit bestreuen

Lösungsvorschlag zu S. 40

Name: _____ Klasse: 7 Datum: _____ HsB Nr.: _____

Energiesparendes Spülen

	Neue Geschirr-spülmaschine	Alte Geschirr-spülmaschine	Handspülen (gleiche Geschirrmenge)
Wasserverbrauch	18 Liter	50 Liter	40 Liter
Stromverbrauch	1,6 kWh	2,6 kWh	2,0 kWh
Zeitaufwand	15 Minuten *	15 Minuten *	45–60 Minuten

(Quelle: www.Stadtwerke-Osnabrück) * Ein- und Ausräumen

Jährlicher Wasser- und Stromverbrauch von Geschirrspülmaschinen in Bezug auf die Haushaltsgröße:

	Haushaltsgröße	
	1 Person	3 Personen
Stromverbrauch	100 kWh	220 kWh
Wasserverbrauch	2 m³	3 m³

(Quelle: Bayerisches Staatsministerium für Verbraucherschutz, 2003)

Merke: Am ehesten rentiert sich eine Spülmaschine für einen Mehrpersonenhaushalt.
Eine neue Spülmaschine hilft Wasser, Energie und Zeit zu sparen!

Aufgabe: Bezieht sich die Regel auf das Handspülen oder auf das Spülen mit der Spülmaschine? Ordne mit Pfeilen zu.

- Schalte die Maschine nur ein, wenn sie ganz gefüllt ist.
- Schließe die Tür, damit Speisereste nicht antrocknen.
- Starke Verschmutzungen einweichen und vorspülen.
- Geschirr nicht vorspülen, sondern nur die Speisereste grob entfernen.
- Wähle das Sparprogramm bei gering verschmutztem Geschirr.
- Beginne das Spülen mit den Gläsern.

Lösungsvorschlag zu S. 41

Name: _____ Klasse: 7 Datum: _____ HsB Nr.: _____

Spülen von Hand – gewusst wie!

Geschirr vorbereiten:
- Essensreste entfernen.
- Stark verschmutztes Geschirr vorspülen oder einweichen.
- Geschirr sortieren und stapeln.

Geschirr spülen:
- Heißes Wasser mit wenig Spülmittel einfüllen.
- Reihenfolge beim Spülen: Glas, Teller, Besteck, Arbeitsgeschirr, Töpfe, Pfannen.

Geschirr trocknen:
- Geschirr umgestülpt zum Abtropfen aufstellen.
- Geschirr mit sauberem, trockenem Tuch abtrocknen.

Wir spülen umweltbewusst und sparen Wasser und Energie!
Spüle nie unter fließendem Wasser ab. Dosiere das Spülmittel sparsam.

Ungarischer Paprikasalat

Menge	Zutaten	Zubereitung
1	grüne Paprika	– Paprikas putzen, waschen, in sehr dünne Streifen schneiden
1	rote Paprika	– Zwiebel schälen, halbieren, in hauchdünne Ringe schneiden
½	Zwiebel	– Mais in einem Sieb abtropfen lassen
½ Dose	Mais	– Salami in Streifen schneiden
100 g	Paprikasalami (dünn geschnitten)	– Zutaten in einer Schüssel mischen
	Marinade:	**Schneiden wie ein Profi!**
3 EL	saure Sahne	Krallengriff
1 EL	Essig	
etwas	Salz, Pfeffer, Paprika	– alle Zutaten der Marinade miteinander verrühren und abschmecken, Salat marinieren
1	Knoblauchzehe (zerdrückt)	
½ Bund	Schnittlauch	– in feine Röllchen schneiden und den Salat damit bestreuen

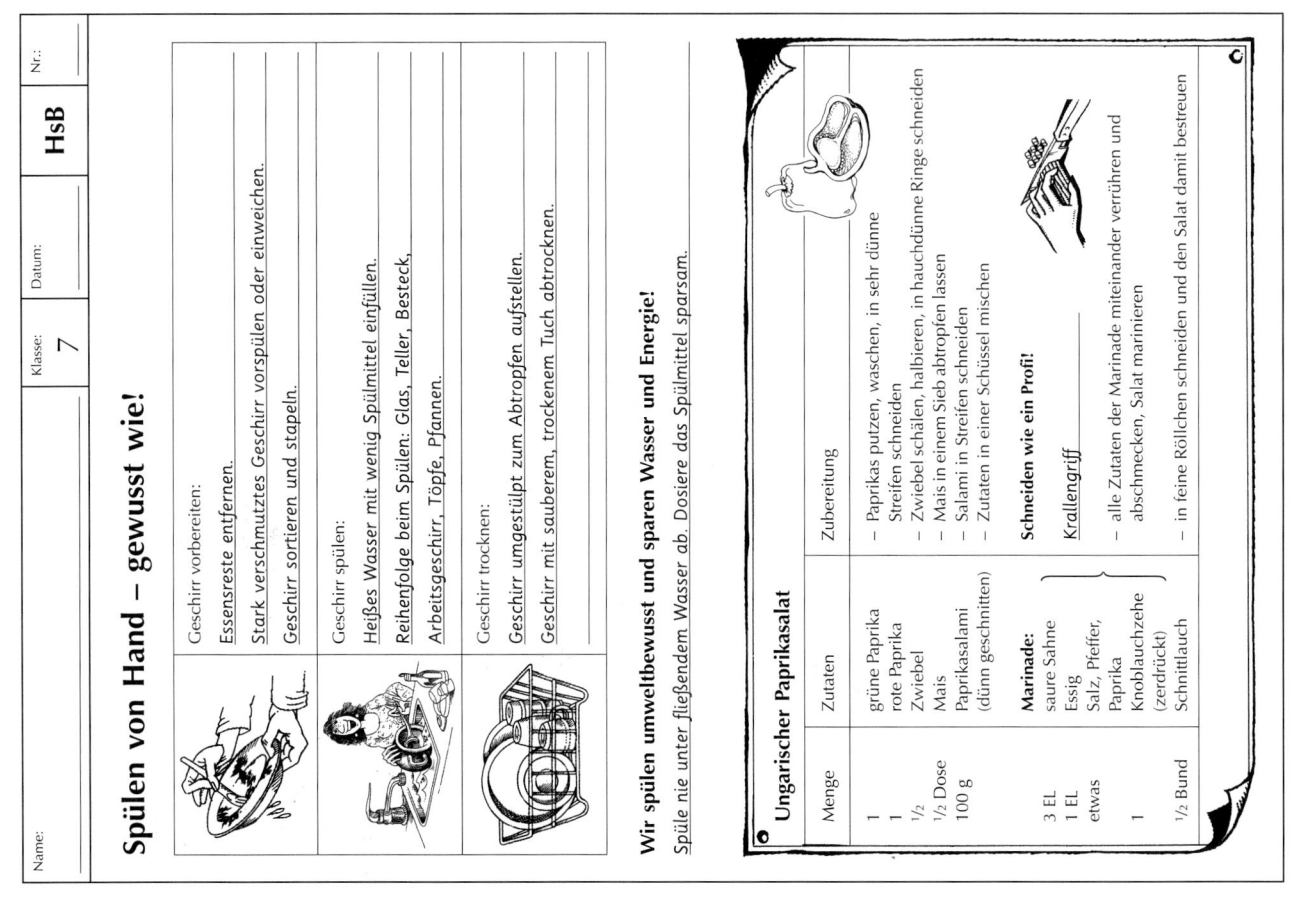

Erst denken, dann arbeiten!

Artikulation:

Anfangsphase: Folie/Plakat „Erst denken, dann arbeiten"
1. Teilziel: Zubereiten der Kochaufgabe
2. Teilziel: Formulieren von kurzen Arbeitsschritten, arbeitsgleiche Einzel- oder Partnerarbeit (Folie „Erst denken, dann arbeiten!", Arbeitsblatt)
3. Teilziel: Erstellen des Organisationsplans, Gruppenarbeit oder Klassenverband
4. Teilziel: Tätigkeits-, Rüst- und Wartezeit, arbeitsgleiche Partner- oder Gruppenarbeit (M)
Schlussphase: Schüler erstellen für andere Gerichte einen Organisationsplan, Gruppenarbeit oder Klassenverband, Folie/Plakat

Rezeptbaustein zum Austauschen:

Gemüsebratlinge, Feldsalat mit Radieschen, siehe S. 92

Lernziele:

Die Schüler sollen …
… Arbeitsschritte formulieren und einen Organisationsplan erstellen.
… folgerichtiges Planen von Arbeitsschritten üben.
… die Fachbegriffe „Tätigkeitszeit", „Rüstzeit" und „Wartezeit" kennen lernen. (M)

Medien:

Folie oder Plakat, Textstreifen (Organisationsplan), Folie (Organisationsplan), Arbeitsaufgabe, Arbeitsblatt

Hinweis:

In schwachen Gruppen ist es empfehlenswert, das Erstellen des Organisationsplans im Klassenverband zu erarbeiten.

Folie/Plakat (Anfangsphase, 2. Teilziel und Schlussphase)

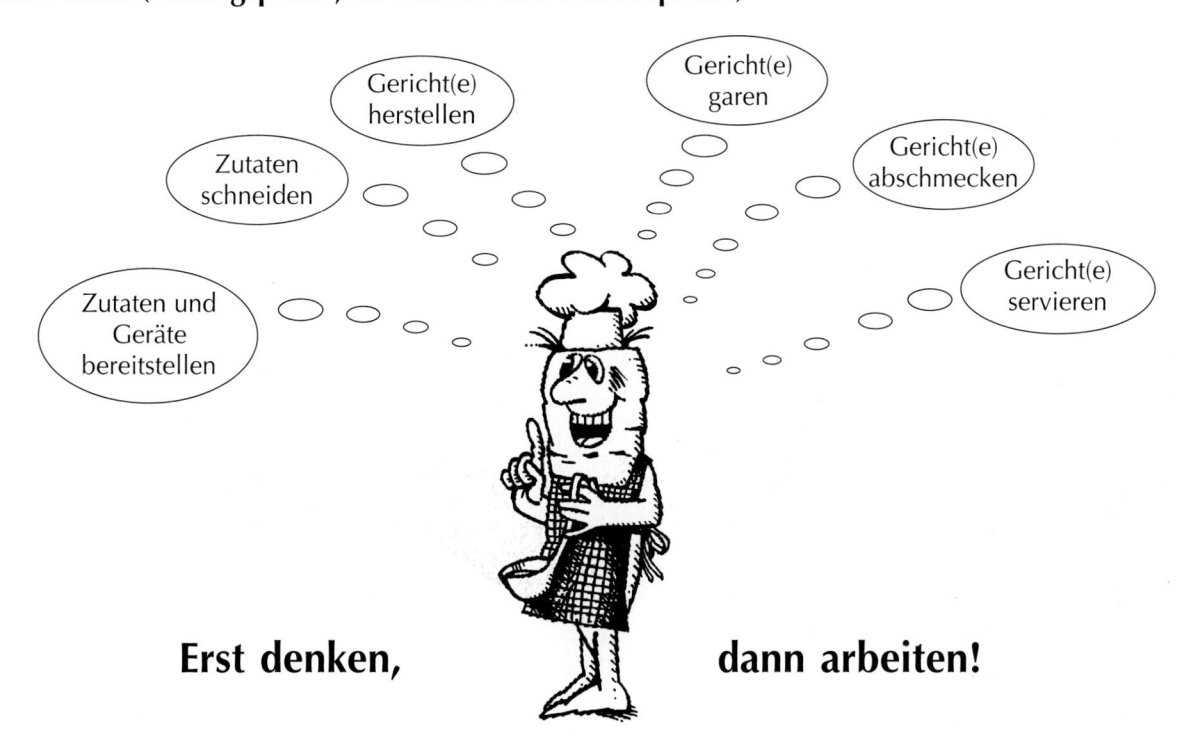

- Zutaten und Geräte bereitstellen
- Zutaten schneiden
- Gericht(e) herstellen
- Gericht(e) garen
- Gericht(e) abschmecken
- Gericht(e) servieren

Erst denken, dann arbeiten!

Folgende Bild-Bausteine für die Folie/das Plakat bei Bedarf auch für andere Rezepte verwenden:

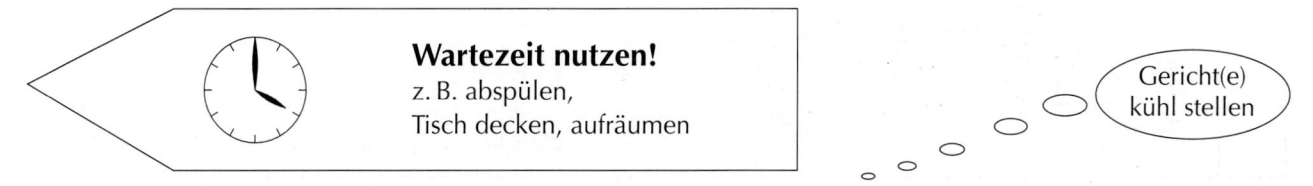

Wartezeit nutzen!
z. B. abspülen, Tisch decken, aufräumen

Gericht(e) kühl stellen

Aufgabe: Erstellen des Organisationsplans (3. Teilziel)

Aufgabe auf Folie kopieren und zerschneiden.

1. Geräte und Zutaten bereitstellen
2. Zutaten für Eintopf schneiden
3. Reis herstellen
4. Reis garen 🕐   Wartezeit, 30 Min.!
5. Eintopf herstellen
6. Eintopf garen 🕐   Wartezeit, 20 Min.!
7. Abspülen, Tisch decken
8. Eintopf und Reis abschmecken
9. Eintopf und Reis servieren

Arbeitsaufgabe (4. Teilziel)

Aufgabe: Rüstzeit, Tätigkeitszeit, Wartezeit

1. Lies die Erklärungen für die verschiedenen Zeiten durch.
2. Ordne die Arbeitsschritte den verschiedenen Zeiten mit Pfeilen zu.

Rüstzeit:
Zeit, die für Vor- und Nacharbeiten benötigt wird.

Tätigkeitszeit:
Zeit, die für die tatsächliche Zubereitung benötigt wird.

Wartezeit: 🕐
Zeit ohne Weiterarbeit am Rezept. Sie soll für andere Tätigkeiten genutzt werden.

- Zutaten abwiegen
- Kuchen backen
- Gemüse schneiden
- Maschine aufstellen
- Teig herstellen
- Risotto garen
- Maschine umbauen
- Soße herstellen
- Backform fetten
- Creme abkühlen lassen
- Teig auswellen
- Kuchen belegen

Medien:
Arbeitsaufgabe,
Arbeitsblatt mit
Rezept

Lösungsvorschlag zu S. 44

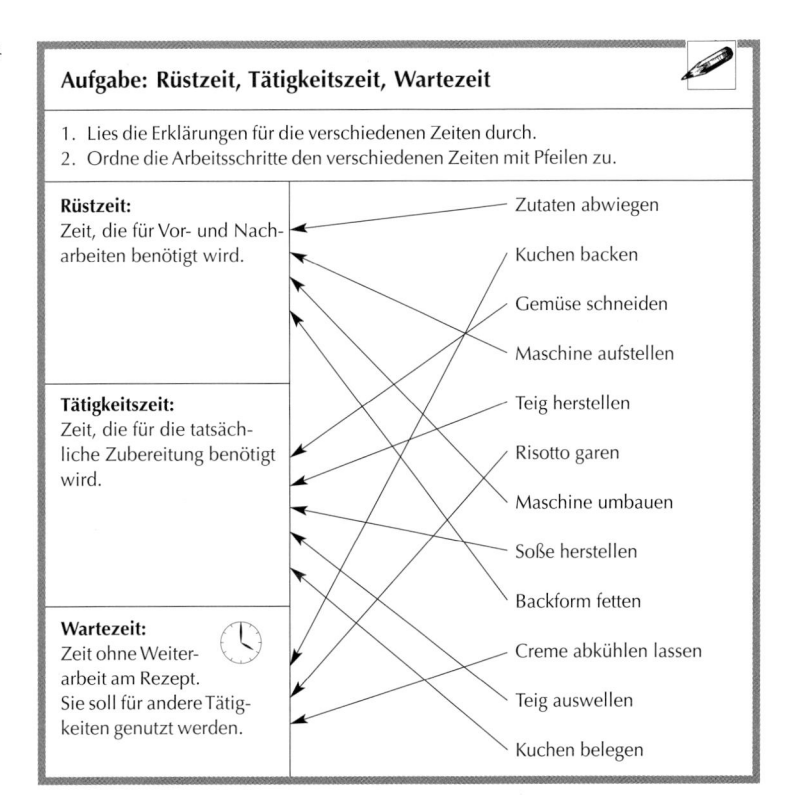

Aufgabe: Rüstzeit, Tätigkeitszeit, Wartezeit

1. Lies die Erklärungen für die verschiedenen Zeiten durch.
2. Ordne die Arbeitsschritte den verschiedenen Zeiten mit Pfeilen zu.

Rüstzeit:
Zeit, die für Vor- und Nacharbeiten benötigt wird.

Tätigkeitszeit:
Zeit, die für die tatsächliche Zubereitung benötigt wird.

Wartezeit:
Zeit ohne Weiterarbeit am Rezept. Sie soll für andere Tätigkeiten genutzt werden.

- Zutaten abwiegen
- Kuchen backen
- Gemüse schneiden
- Maschine aufstellen
- Teig herstellen
- Risotto garen
- Maschine umbauen
- Soße herstellen
- Backform fetten
- Creme abkühlen lassen
- Teig auswellen
- Kuchen belegen

Folie (Schlussphase)

Die Folie kann in den nächsten Wochen zum Üben weiterer Organisationspläne eingesetzt werden.

Aufgabe: Organisationsplan für

1. Lies das Rezept genau durch.
2. Formuliere die Arbeitsschritte und erstelle einen Organisationsplan.

1. _____
2. _____
3. _____
4. _____
5. _____
6. _____
7. _____
8. _____
9. _____
10. _____
11. _____
12. _____
13. _____

Bedenke!

Nutze Wartezeiten sinnvoll!

Schiebe Arbeitsschritte ineinander!

Medien:
Arbeitsaufgabe als Folie,
Arbeitsblatt mit Rezept,
Folie/Plakat „Erst denken, dann arbeiten!"

Unterrichtssequenzen Hauswirtschaftlich-sozialer Bereich, © Auer Verlag GmbH, Donauwörth
Als Kopiervorlage freigegeben

| Name: | | Klasse: 7 | Datum: | HsB | Nr.: |

Erst denken, dann arbeiten!

Aufgabe: 1. Überlege, wie die Zubereitung zu kurzen Arbeitsschritten zusammengefasst werden kann.
2. Verwende die Wörter in den Gedankenblitzen des Koches. Tausche nur das Wort „Gericht" mit dem tatsächlichen Namen des Gerichtes aus.

Paprika-Hackfleisch-Eintopf

Menge	Zutaten	Zubereitung	Arbeitsschritte
1	Zwiebel	– in feine Würfel schneiden	1. _____
1–2	Paprika	– in Würfel schneiden	_____
1 EL	Öl	– erhitzen	
200 g	Hackfleisch	– zugeben, anbraten	2. _____
1–2	Knoblauchzehen	– schälen, dazupressen	
		– Gemüse zugeben	3. _____
1/8 l	Brühe	– aufgießen; Eintopf auf niedriger Stufe garen	
		Garzeit: 20 Min.	4. _____
2 EL	Tomatenmark	– zugeben	5. _____
1 Dose	Mais	– zugeben	
etwas	Salz, Pfeffer, Paprika	– den Eintopf abschmecken	

Gekochter Vollkornreis

2 Tassen	Wasser	– zum Kochen bringen	1. _____
1 Tasse	Vollkornreis	– waschen, zugeben	
		Garzeit: 30 Min.	2. _____
	Salz, Pfeffer	– zum Abschmecken	

Organisationsplan

Vorbereitung 1. _____

Durchführung 2. _____

3. _____
4. _____
5. _____
6. _____
7. _____
8. _____
9. _____
10. _____

Bedenke!

_____   _____

_____   _____

Lösungsvorschlag zu S. 45

Aufgabe: Organisationsplan für

z. B. Champignon-Schinken-Risotto (Rezept, siehe Band 1, S. 59!)

1. Lies das Rezept genau durch.
2. Formuliere die Arbeitsschritte und erstelle einen Organisationsplan.

1. Geräte und Zutaten bereitstellen
2. Zutaten für Risotto schneiden
3. Risotto herstellen
4. Risotto garen (Wartezeit!)
5. Abspülen
6. Tisch decken
7. Risotto abschmecken
8. Risotto servieren
9.
10.
11.
12.
13.

Bedenke! Nutze Wartezeiten sinnvoll!

Schiebe Arbeitsschritte ineinander!

Lösungsvorschlag zu S. 46

Name: _____ Klasse: 7 Datum: _____ HsB Nr.: _____

Erst denken, dann arbeiten!

Aufgabe:
1. Überlege, wie die Zubereitung zu kurzen Arbeitsschritten zusammengefasst werden kann.
2. Verwende die Wörter in den Gedankenblitzen des Koches. Tausche nur das Wort „Gericht" mit dem tatsächlichen Namen des Gerichtes aus.

Paprika-Hackfleisch-Eintopf

Menge	Zutaten	Zubereitung		Arbeitsschritte
1	Zwiebel	– in feine Würfel schneiden		1. Geräte und Zutaten bereitstellen
1–2	Paprika	– in Würfel schneiden		
1 EL	Öl	– erhitzen		
200 g	Hackfleisch	– zugeben, anbraten		2. Zutaten schneiden
1–2	Knoblauchzehen	– schälen, dazupressen		
		– Gemüse zugeben		3. Eintopf herstellen
⅛ l	Brühe	– aufgießen; Eintopf auf niedriger Stufe garen		
		Garzeit: 20 Min.		4. Eintopf garen
2 EL	Tomatenmark	– zugeben		
1 Dose	Mais	– zugeben		5. Eintopf abschmecken
etwas	Salz, Pfeffer, Paprika	– den Eintopf abschmecken		

Gekochter Vollkornreis

2 Tassen	Wasser	– zum Kochen bringen		1. Reis garen
1 Tasse	Vollkornreis	– waschen, zugeben		
		Garzeit: 30 Min.		2. Reis abschmecken
etwas	Salz, Pfeffer	– zum Abschmecken		

Organisationsplan

Vorbereitung
1. Geräte und Zutaten bereitstellen
2. Zutaten für Eintopf schneiden

Durchführung
3. Reis herstellen
4. Reis garen (Wartezeit, 30 Min.!)
5. Eintopf herstellen
6. Eintopf garen (Wartezeit, 20 Min.!)
7. Abspülen, Tisch decken
8. Reis abschmecken
9. Eintopf und Reis servieren
10.

Bedenke! Wartezeiten sinnvoll nutzen!

Arbeitsschritte ineinander schieben

Unterrichtssequenzen Hauswirtschaftlich-sozialer Bereich, © Auer Verlag GmbH, Donauwörth
Als Kopiervorlage freigegeben

Beurteilen von Einkaufsstätten und Werbestrategien

Artikulation:

Anfangsphase: Einstimmung: Folie „Einkaufen – Was ist alles zu bedenken?"
Verhaltensregeln für den Unterrichtsgang
Unterrichtsgang
Schlussphase: Auswertung

Lernziele:

Die Schüler sollen …
- … das Angebot einer Einkaufsstätte sichten.
- … Qualitätskennzeichen von Lebensmitteln beachten, z. B. Frische, Regionalität, Saisonalität, Verpackungsaufwand.
- … Preise vergleichen.
- … den Service in einer Einkaufsstätte prüfen.
- … Werbestrategien und deren Wirkung auf den Käufer beim Einkauf reflektieren. (M)

Medien:

Folien, Arbeitsaufgaben, evtl. Stoppuhr, Arbeitsblatt

Hinweis:

Anstatt eines Unterrichtsgangs können Sie die Beurteilungsbögen auch als vorbereitende Hausaufgabe verwenden. Dann besteht auch die Möglichkeit, verschiedene Einkaufsstätten (z. B. Supermarkt, Discount-Laden, „Tante-Emma-Laden") besuchen zu lassen und diese miteinander zu vergleichen.

Folie: Einkaufen – Was ist alles zu bedenken? (Anfangsphase)

Beurteilungsbögen (Vorbereitende Hausaufgabe oder Unterrichtsgang zum Thema „Einkauf")

Aufgabe: Bücken lohnt sich!

1. Lies den Text genau durch.
2. Suche in den Regalen zu den 3 Produkten in der Tabelle das jeweils teuerste und günstigste Produkt.
3. Ergänze die Tabelle.

Du kannst pro Monat sehr viel Geld sparen, wenn du nicht die teuerste Ware einkaufst. Bücken lohnt sich, da die günstigeren Angebote meist in den tieferen Regalen zu finden sind.

Produkte	Teuerste Marke	€	Günstigste Marke	€
250 g Butter				
1 kg Mehl				
500 g Nudeln				
	Summe		Summe	

Medien: Arbeitsaufgabe

Aufgabe: Warenangebot

1. Betrachte das Angebot der Waren.
2. Ergänze die Tabelle.

	Ja/Vorhanden	Nein/Nicht vorhanden
Umfangreiches Angebot an Milchprodukten		
Bio-Angebote		
Übersichtlichkeit der Waren		
Frische der Ware, z. B. Obst		
Obst und Gemüse aus Deutschland		
Prüfzeichen beim Frischfleisch		
Umweltfreundliche Pfandflaschen		
Unverpackte Wurst und Käse an der Theke		
Lose Ware bei Obst und Gemüse		

Medien: Arbeitsaufgabe

Unterrichtssequenzen Hauswirtschaftlich-sozialer Bereich, © Auer Verlag GmbH, Donauwörth
Als Kopiervorlage freigegeben

Aufgabe: Service

Medien: Arbeitsaufgabe, evtl. Stoppuhr

1. Gehe durch das Geschäft und informiere dich über den Service.
2. Stelle dem Personal eine Frage über ein bestimmtes Lebensmittel, um die Beratungsqualität und Freundlichkeit zu testen. Frage freundlich und höflich.
3. Beobachte einen Kunden an der Kasse und stoppe die Wartezeit.
4. Ergänze die Tabelle.

	Gut	Weniger gut
Recycling-Sammelbehälter		
Beratung		
Freundlichkeit des Personals		
Ordnung und Sauberkeit		
Geräumigkeit		
Einrichtung		
Wartezeit an der Kasse	Minuten	
Öffnungszeiten	Von Uhr bis Uhr	

Folie: Auswertung (Schlussphase)

Angebot:
- Umfangreiches Angebot
- Übersichtlichkeit der Waren
- Frische/Qualität
- _____

Umweltschutz:
- Umweltfreundliche Verpackung
- Produkte aus der Region, Bio-Waren
- Müllentsorgung
- _____

Service:
- Freundlichkeit
- Geräumigkeit
- Wartezeit
- _____

Bewertung:

Preise:
- Preisunterschiede
- _____

Arbeitsaufgaben (Vorbereitende Hausaufgabe zum Thema „Werbestrategien")

Aufgabe: Markenprodukte

1. Lies den Text durch.
2. Inwieweit lässt du dich durch Werbung und Gruppendruck für Markenprodukte beeinflussen?
3. Ergänze die Tabelle.

Jugendliche kaufen Markenprodukte aus mehreren Gründen. Einerseits glauben mehr als die Hälfte der 14–19-Jährigen, dass Markenprodukte besser sind. Andererseits spielen „In-Marken" eine wichtige Rolle für das Image. Die Clique hat einen großen Einfluss auf das Kaufverhalten.

Überprüfe dein Kaufverhalten!		
Produkt	Welche Marke bevorzugst du?	Warum bevorzugst du diese Marke?
Jeans		
Süßigkeit		
Joghurt		

Aufgabe: Fernsehspots für Kinder und Jugendliche

1. Lies den Text durch.
2. Schaue bewusst Fernsehwerbung im Kinder- und Jugendprogramm an und suche nach 3 Beispielen für die Tabelle.
3. Ergänze die Tabelle.

Die Ausgaben für Werbung in Deutschland innerhalb eines Jahres liegen bei ungefähr 30 Milliarden Euro. Ein Großteil davon wird in Werbung für 10–17-Jährige investiert. Die Industrie würde nicht so viel Geld ausgeben, wenn die Werbung nicht Erfolg hätte.
In Spots für Kinderprodukte spielen meist Kinder und Jugendliche die Hauptrolle. Werbung für Kinder und Jugendliche will „vorgaukeln", dass dieses Produkt Freundschaften stiftet und Langeweile vertreibt. Fernsehfamilien haben keine Probleme und Kinder sind oft den Erwachsenen überlegen, z. B. sind sie klüger oder können sogar zaubern.

Werbestrategien auf der Spur!		
Hauptfigur im Werbespot	Für welches Produkt wird geworben	Warum spricht diese Werbung deiner Meinung nach Kinder und Jugendliche an?
Kind oder Jugendlicher		
Cartoons		
Bekannte Persönlichkeit, z. B. Sportler		

| Name: | Klasse: 7 | Datum: | HsB | Nr.: |

Werbung unter der Lupe!

Wo überall begegnet dir Werbung?

_____
_____
_____

Ziele der Werbung:

_____
_____
_____
_____

Welche Werbestrategien haben bei Kindern und Jugendlichen Erfolg?

_____
_____
_____
_____
_____

Wie funktioniert Werbung?

Nenne ein Beispiel.

Aufmerksamkeit erregen → _____

Interesse wecken → _____

Wunsch wecken → _____

Kauf auslösen → _____

Warum spielen Markenprodukte bei Jugendlichen eine so große Rolle?

_____
_____
_____
_____
_____

Darf die Werbung „lügen"?

Lebensmittel- und Bedarfsgegenständegesetz (LMBG):
§ 17 Verbot zum Schutz der Täuschung
(Die Werbung darf keine bewusst falschen oder wissenschaftlich nicht haltbaren Versprechungen machen.)

Aber:

_____
_____
_____
_____

Lösungsvorschlag zu S. 52

| Name: | Klasse: 7 | Datum: | HsB | Nr.: |

Wo überall begegnet dir Werbung?

Radio, Fernsehen, Internet, Plakate,
Prospekte, Zeitschriften (z.B. Bravo)

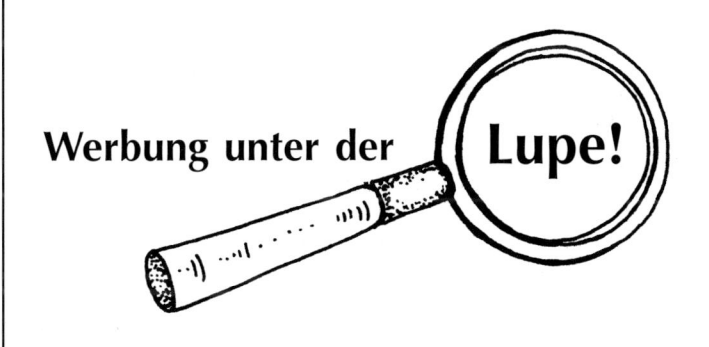

Ziele der Werbung:

– Information
– Bedürfnisse wecken
– Vertrauen gewinnen
– Absatz steigern
– Konkurrenz ausschalten

Werbung unter der Lupe!

Welche Werbestrategien haben bei Kindern und Jugendlichen Erfolg?

Kinder oder Jugendliche als Hauptfigur im
Werbespot; Verwendung von Cartoons;
Verwendung von bekannten
Persönlichkeiten, z. B. Sportler;
Darstellen einer idealisierten Familie

Wie funktioniert Werbung?

Nenne ein Beispiel.

Aufmerksamkeit erregen →

Interesse wecken →

Wunsch wecken →

Kauf auslösen →

Warum spielen Markenprodukte bei Jugendlichen eine so große Rolle?

Die Werbung gibt vor,
dass Markenprodukte eine
bessere Qualität haben.
„In-Marken" sind für Jugendliche eine Imagefrage.
Der Druck der Clique ist sehr
groß.

Darf die Werbung „lügen"?

Lebensmittel- und Bedarfsgegenständegesetz (LMBG):
§ 17 Verbot zum Schutz der Täuschung
(Die Werbung darf keine bewusst falschen oder wissenschaftlich nicht haltbaren Versprechungen machen.)

Aber:

Die Werbung gibt vor, dass mit Hilfe
des Produktes das Leben spannender oder
besser wird.

Gesundheitsbewusst entscheiden und handeln

Artikulation:

Anfangsphase: Brainstorming: „Was ist wichtig für dein körperliches Wohlbefinden?"
1. Teilziel: Faktoren für eine gesunde Lebensweise, arbeitsteilige oder -gleiche Gruppenarbeit (1. AB)
2. Teilziel: Ernährungsfehler, Klassenverband (1. AB, Folie)
3. Teilziel: Der Ernährungskreis, Klassenverband (Plakat oder Folie, 2. AB)
4. Teilziel: Berechnen des Body-Mass-Index mit Hilfe des Internets (3. AB) (M)
5. Teilziel: Zubereiten der Kochaufgabe
Schlussphase: Welche Lebensmittelgruppen des Ernährungskreises deckt unser heutiges Gericht ab? (2. AB), Ergänzungsvorschläge für die restliche Speisenplanung

Rezeptbaustein zum Austauschen:

Salatplatte mit Dressing, siehe S. 94

Lernziele:

Die Schüler sollen ...
... sich ihrer eigenen Bedürfnisse für körperliches Wohlbefinden bewusst werden.
... Faktoren für eine gesunde Lebensweise kennen lernen.
... Ernährungsfehler formulieren.
... die Lebensmittelgruppen des Ernährungskreises kennen lernen.

Medien:

Folien, Ernährungskreis als Folie oder Plakat, Arbeitsaufgaben und Arbeitsblätter (kopiert)

Hinweis:

Der Ernährungskreis wurde im Vergleich zu früheren Auflagen der Unterrichtssequenzen aktualisiert.
(Quelle: Nach DGE, www.dge-medienservice.de)

Folie: Brainstorming (Anfangsphase)

Aufgabe: Was ist für dich wichtig, damit du dich körperlich wohl fühlst? Überlege dir einige Punkte.

Ich fühle mich wohl!

Folie (2. Teilziel)

Gründe für Übergewicht:

Folgen von Übergewicht:

| Name: | Klasse: 7 | Datum: | HsB | Nr.: |

Was kann ich für mein körperliches Wohlbefinden tun?

Aufgabe: 1. Unterstreiche die Vorteile für deine Gesundheit in den Kästchen.
2. Formuliere Merkpunkte, wie du dein körperliches Wohlbefinden verbessern kannst.

Bewegung
- Stärkt das Immunsystem
- Kräftigt die Knochen
- Schützt vor Herzinfarkt
- Hilft gegen Übergewicht
- Man wird seltener krank

Gesunde Ernährung
- Erhöht die Lebenserwartung
- Reduziert das Krebsrisiko
- Erhöht die körperliche und geistige Leistungsfähigkeit
- Kräftigt die Immunabwehr
- Heilt Krankheiten schneller

Hygiene
- Verlängert die Lebenserwartung
- Schützt vor Krankheiten

Welche Fehler können zu Übergewicht führen?

_____

_____

Das sollte uns zu denken geben!

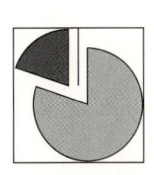	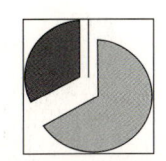	
Jedes fünfte Kind in Deutschland hat Übergewicht.	Jeder dritte Jugendliche in Deutschland hat Übergewicht.	Jede vierte Krankheit ist ernährungsbedingt.

Unterrichtssequenzen Hauswirtschaftlich-sozialer Bereich, © Auer Verlag GmbH, Donauwörth
Als Kopiervorlage freigegeben

Lösungsvorschlag zu S. 54

Gründe für Übergewicht:

– Überfluss an Nahrung
– Zu wenig Bewegung
– Falsche Essgewohnheiten
– Einfluss der Werbung
– Genetische Faktoren
– Psychische Faktoren

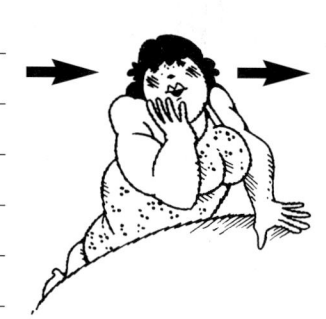

Folgen von Übergewicht:

– Herz- und Kreislaufbeschwerden
– Herzinfarkt
– hoher Cholesterinspiegel
– Cellulitis

Lösungsvorschlag zu S. 55

| Name: | Klasse: 7 | Datum: | HsB | Nr.: |

Was kann ich für mein körperliches Wohlbefinden tun?

Aufgabe: 1. Unterstreiche die Vorteile für deine Gesundheit in den Kästchen.
2. Formuliere Merkpunkte, wie du dein körperliches Wohlbefinden verbessern kannst.

Bewegung
- Stärkt das Immunsystem
- Kräftigt die Knochen
- Schützt vor Herzinfarkt
- Hilft gegen Übergewicht
- Man wird seltener krank

Gesunde Ernährung
- Erhöht die Lebenserwartung
- Reduziert das Krebsrisiko
- Erhöht die körperliche und geistige Leistungsfähigkeit
- Kräftigt die Immunabwehr
- Heilt Krankheiten schneller

Hygiene
- Verlängert die Lebenserwartung
- Schützt vor Krankheiten

Treibe 2-mal die Woche mindestens je 30 Minuten lang Sport!

Ernähre dich abwechslungsreich und gesund!
Iss viel Obst und Gemüse und Vollkornprodukte!
Iss nicht so viel Süßes!

Hände häufig mit warmem Wasser und Seife waschen!
Beim Husten und Niesen Mund bzw. Nase bedecken!

Welche Fehler können zu Übergewicht führen?

– Zu viel Essen
– Zu fettes Essen
– Zu süßes Essen
– Zu wenig Bewegung

Das sollte uns zu denken geben!

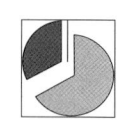

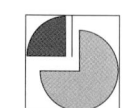

Jedes fünfte Kind in Deutschland hat Übergewicht.

Jeder dritte Jugendliche in Deutschland hat Übergewicht.

Jede vierte Krankheit ist ernährungsbedingt.

Der Ernährungskreis

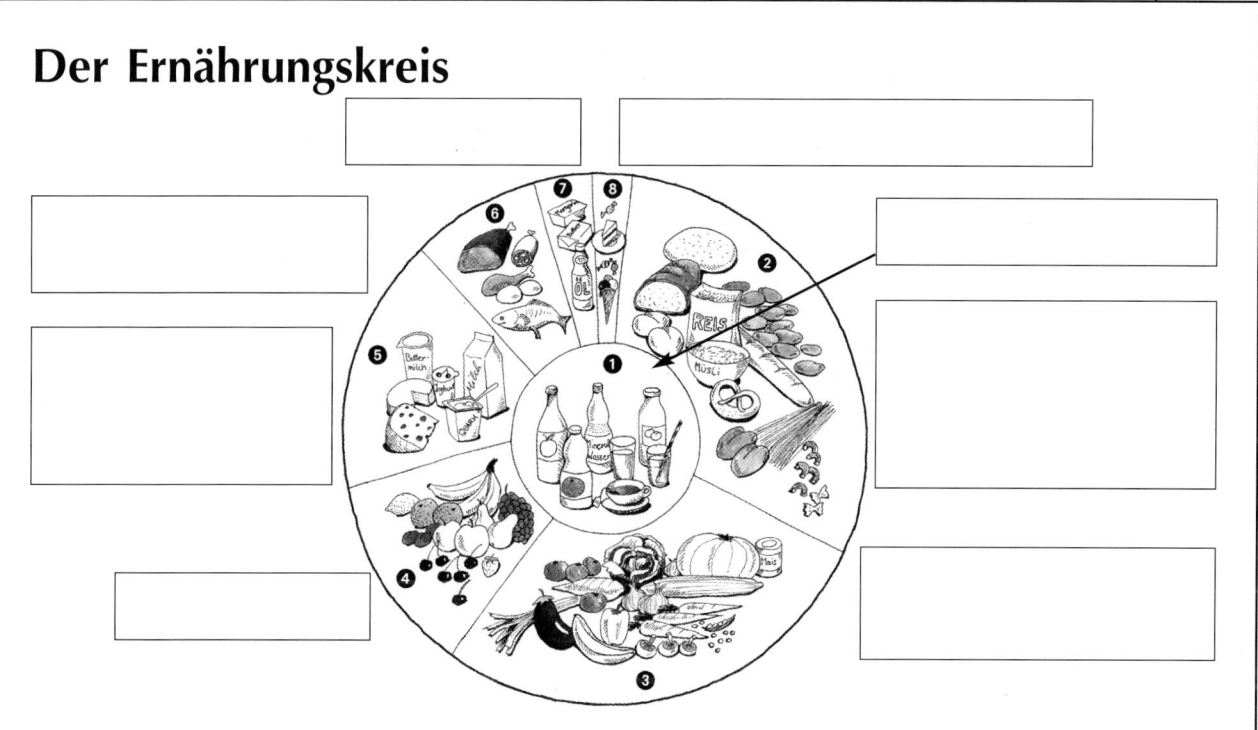

Aufgabe: Trage in die Nr.-Spalte des Rezepts die jeweilige Lebensmittelgruppe des Ernährungskreises ein.

Chinakohlsalat mit Früchten

Nr.	Menge	Zutaten	Zubereitung
___	400 g	Chinakohl	– putzen, waschen, halbieren, Strunk entfernen, in feine Streifen schneiden
___	1 1 EL 1–2 einige	Apfel Zitronensaft Mandarinen Weintrauben	– waschen, vierteln, Kerngehäuse entfernen, in Stücke schneiden – Zitrone auspressen, Äpfel damit beträufeln – schälen, teilen, große Stücke evtl. halbieren – halbieren, Kerne entfernen
___	50 g	gekochter Schinken oder Putenbrust	– in Würfel schneiden
		Marinade	
___ ___	125 g 2 EL 1 EL 1 EL ½ TL 1 Msp.	Naturjoghurt Öl Zitronensaft Honig Salz Pfeffer, Curry	– alle Zutaten der Marinade miteinander verrühren und abschmecken, Salat erst kurz vor dem Servieren marinieren
___	einige	Walnüsse	– mit gehackten Walnüssen garnieren

Schnittlauchecken

Nr.	Menge	Zutaten	Zubereitung
___ ___ ___	2 20 g etwas	Vollkornbrote Butter Schnittlauch	– Brote mit Butter bestreichen – waschen, schneiden, Brote damit bestreuen und diagonal halbieren

| Name: | Klasse: 7 | Datum: | HsB | Nr.: |

Berechnen des Body-Mass-Index
(= Körper-Massen-Index) mit Hilfe des Internets

1. Suchen mit der Suchmaschine Google

a) Öffne die Suchmaschine Google im Internet: www.google.de
b) Klicke in das Suchfeld und gib folgende Suchbegriffe ein:

> BMI berechnen Jugendliche

c) Klicke auf eine unterstrichene Überschrift (= Link), um diese Seite zu öffnen.
d) Suche auf der Seite nach der Formel, wie der Body-Mass-Index (BMI) berechnet wird. Trage sie unten ein.
e) Suche auf der Seite, ob sie den Service anbietet, deinen BMI auszurechnen.
f) Gib dein Gewicht und deine Größe ein. Achte bei der Größe darauf, ob sie nach cm oder m fragen. Klicke auf „berechnen".
g) Trage deinen BMI unten in die Strichskala ein. Hast du Unter-, Über- oder Normalgewicht?
h) Falls du dein Alter angeben musst, könnte es passieren, dass der Computer deinen BMI nicht ausrechnet, da auf Jugendliche andere BMI-Werte zutreffen. Gehe zurück und öffne eine andere Seite.

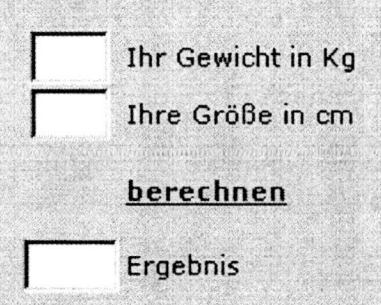

2. Der Body-Mass-Index

Der Body-Mass-Index (BMI) gibt Auskunft über den Ernährungsstatus des Körpers, genauer gesagt über die Menge des körperlichen Fettgewebes. Die Normwerte für Männer und Frauen sind identisch, Jugendliche haben jedoch andere Werte (siehe Pfeil).

Der BMI wird nach der Formel berechnet:

_____

Die Weltgesundheitsorganisation WHO hat in ihrem Report 1995 und 1998 folgende Werte festgelegt:

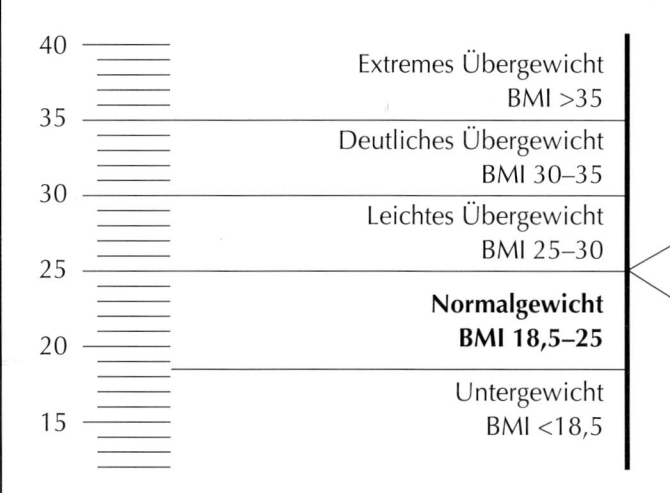

- 40 — Extremes Übergewicht BMI >35
- 35 — Deutliches Übergewicht BMI 30–35
- 30 — Leichtes Übergewicht BMI 25–30
- 25 — **Normalgewicht BMI 18,5–25**
- 20 —
- 15 — Untergewicht BMI <18,5

Bei Jugendlichen ist die **Grenze** zwischen Normalgewicht und Übergewicht unterschiedlich:
Alter 11 Jahre – BMI 21
Alter 12 Jahre – BMI 22
Alter 13 Jahre – BMI 23
Alter 14 Jahre – BMI 24
Alter 15 Jahre – BMI 25

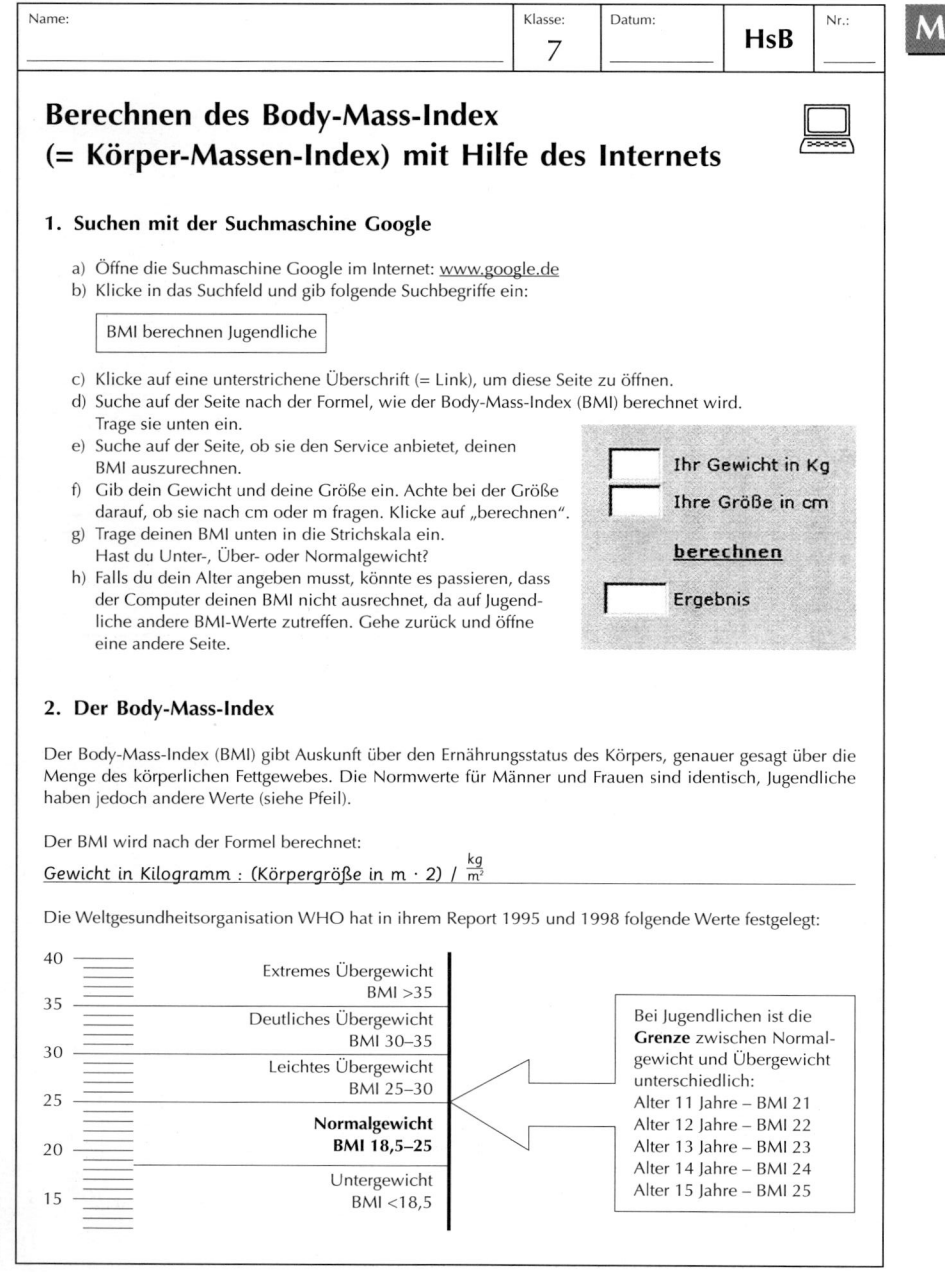

Lösungsvorschlag zu S. 57

| Name: | Klasse: 7 | Datum: | HsB | Nr.: |

Der Ernährungskreis

1. Getränke
2. Getreide, Getreideprodukte, Kartoffeln
3. Gemüse, Hülsenfrüchte
4. Obst
5. Milch und Milchprodukte
6. Fleisch, Wurst, Fisch, Eier
7. Fette
8. Süßigkeiten

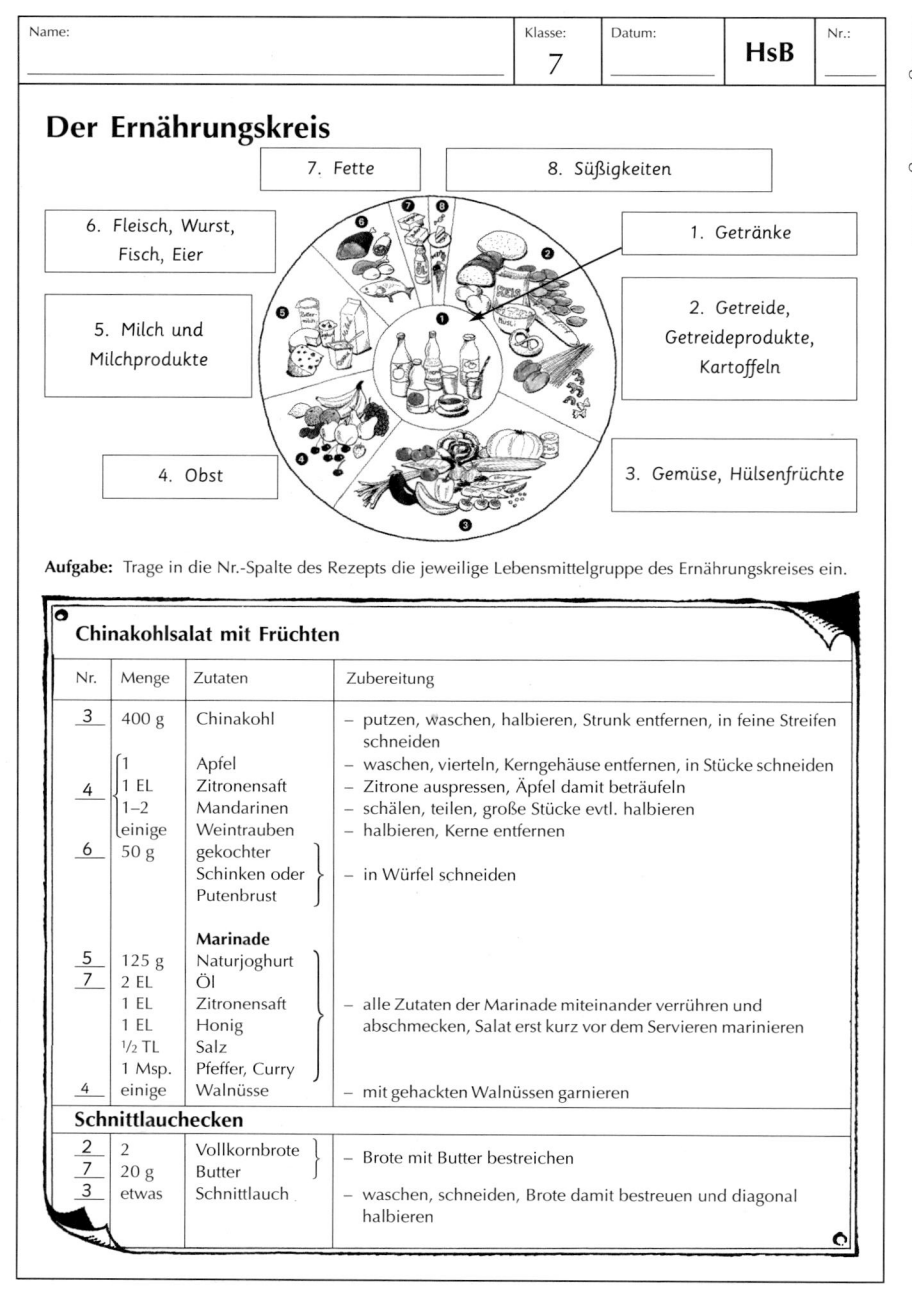

Aufgabe: Trage in die Nr.-Spalte des Rezepts die jeweilige Lebensmittelgruppe des Ernährungskreises ein.

Chinakohlsalat mit Früchten

Nr.	Menge	Zutaten	Zubereitung
3	400 g	Chinakohl	– putzen, waschen, halbieren, Strunk entfernen, in feine Streifen schneiden
4	1 EL 1–2 einige	Apfel Zitronensaft Mandarinen Weintrauben	– waschen, vierteln, Kerngehäuse entfernen, in Stücke schneiden – Zitrone auspressen, Äpfel damit beträufeln – schälen, teilen, große Stücke evtl. halbieren – halbieren, Kerne entfernen
6	50 g	gekochter Schinken oder Putenbrust	– in Würfel schneiden
5 7	125 g 2 EL 1 EL ½ TL 1 Msp.	**Marinade** Naturjoghurt Öl Zitronensaft Honig Salz Pfeffer, Curry	– alle Zutaten der Marinade miteinander verrühren und abschmecken, Salat erst kurz vor dem Servieren marinieren
4	einige	Walnüsse	– mit gehackten Walnüssen garnieren

Schnittlauchecken

2	2	Vollkornbrote	– Brote mit Butter bestreichen
7	20 g	Butter	
3	etwas	Schnittlauch	– waschen, schneiden, Brote damit bestreuen und diagonal halbieren

---

Lösungsvorschlag zu S. 58

| Name: | Klasse: 7 | Datum: | HsB | Nr.: |

Berechnen des Body-Mass-Index (= Körper-Massen-Index) mit Hilfe des Internets

1. Suchen mit der Suchmaschine Google

a) Öffne die Suchmaschine Google im Internet: www.google.de
b) Klicke in das Suchfeld und gib folgende Suchbegriffe ein:

| BMI berechnen Jugendliche |

c) Klicke auf eine unterstrichene Überschrift (= Link), um diese Seite zu öffnen.
d) Suche auf der Seite nach der Formel, wie der Body-Mass-Index (BMI) berechnet wird. Trage sie unten ein.
e) Suche auf der Seite, ob sie den Service anbietet, deinen BMI auszurechnen.
f) Gib dein Gewicht und deine Größe ein. Achte bei der Größe darauf, ob sie nach cm oder m fragen. Klicke auf „berechnen". Hast du Unter-, Über- oder Normalgewicht?
g) Trage deinen BMI unten in die Strichskala ein.
h) Falls du dein Alter angeben musst, könnte es passieren, dass der Computer deinen BMI nicht ausrechnet, da auf jugendliche andere BMI-Werte zutreffen. Gehe zurück und öffne eine andere Seite.

| Ihr Gewicht in Kg |
| Ihre Größe in cm | berechnen
| Ergebnis |

2. Der Body-Mass-Index

Der Body-Mass-Index (BMI) gibt Auskunft über den Ernährungsstatus des Körpers, genauer gesagt über die Menge des körperlichen Fettgewebes. Die Normwerte für Männer und Frauen sind identisch, Jugendliche haben jedoch andere Werte (siehe Pfeil).

Der BMI wird nach der Formel berechnet:

Gewicht in Kilogramm : (Körpergröße in m · 2) / $\frac{kg}{m^2}$

Die Weltgesundheitsorganisation WHO hat in ihrem Report 1995 und 1998 folgende Werte festgelegt:

```
40 ─
    Extremes Übergewicht
35 ─   BMI >35
    Deutliches Übergewicht
30 ─   BMI 30–35
    Leichtes Übergewicht
25 ─   BMI 25–30
    Normalgewicht
    BMI 18,5–25
20 ─
    Untergewicht
15 ─   BMI <18,5
```

Bei Jugendlichen ist die **Grenze** zwischen Normalgewicht und Übergewicht unterschiedlich:

Alter 11 Jahre – BMI 21
Alter 12 Jahre – BMI 22
Alter 13 Jahre – BMI 23
Alter 14 Jahre – BMI 24
Alter 15 Jahre – BMI 25

Die Inhaltsstoffe unserer Nahrung – ein Überblick

Artikulation:

Anfangsphase: Vorwissen zum Bereich gesunde Ernährung – Anknüpfen an die Vorstunde (Folie, Brainstorming)

1. Teilziel: Zubereiten der Kochaufgabe (Soße und Salat vorbereiten und kalt stellen)

2. Teilziel: Inhaltsstoffe der Nahrung und deren Wirkungsweise im Körper (arbeitsteilige Gruppenarbeit), Zuordnen der Nährstoffe zum Ernährungskreis (Folie/Plakat)

Schlussphase: Welche Nährstoffe enthalten die Zutaten in unserem heutigen Gericht? Vorteile einer abwechslungsreichen Ernährung

Lernziele:

Die Schüler sollen ...

... die sechs Nährstoffe und weitere Inhaltsstoffe der Nahrung wissen.

... deren Wirkungsweise im menschlichen Körper kennen.

... die Inhaltsstoffe der Nahrung dem Ernährungskreis zuordnen.

Medien:

Folie für die Anfangsphase, Arbeitsaufgaben für die Gruppenarbeit (laminiert), Folie/Plakat mit zugeschnittenen Streifen und Zeigepfeil (Ballaststoffe), Arbeitsblatt

Folie: Brainstorming (Anfangsphase)

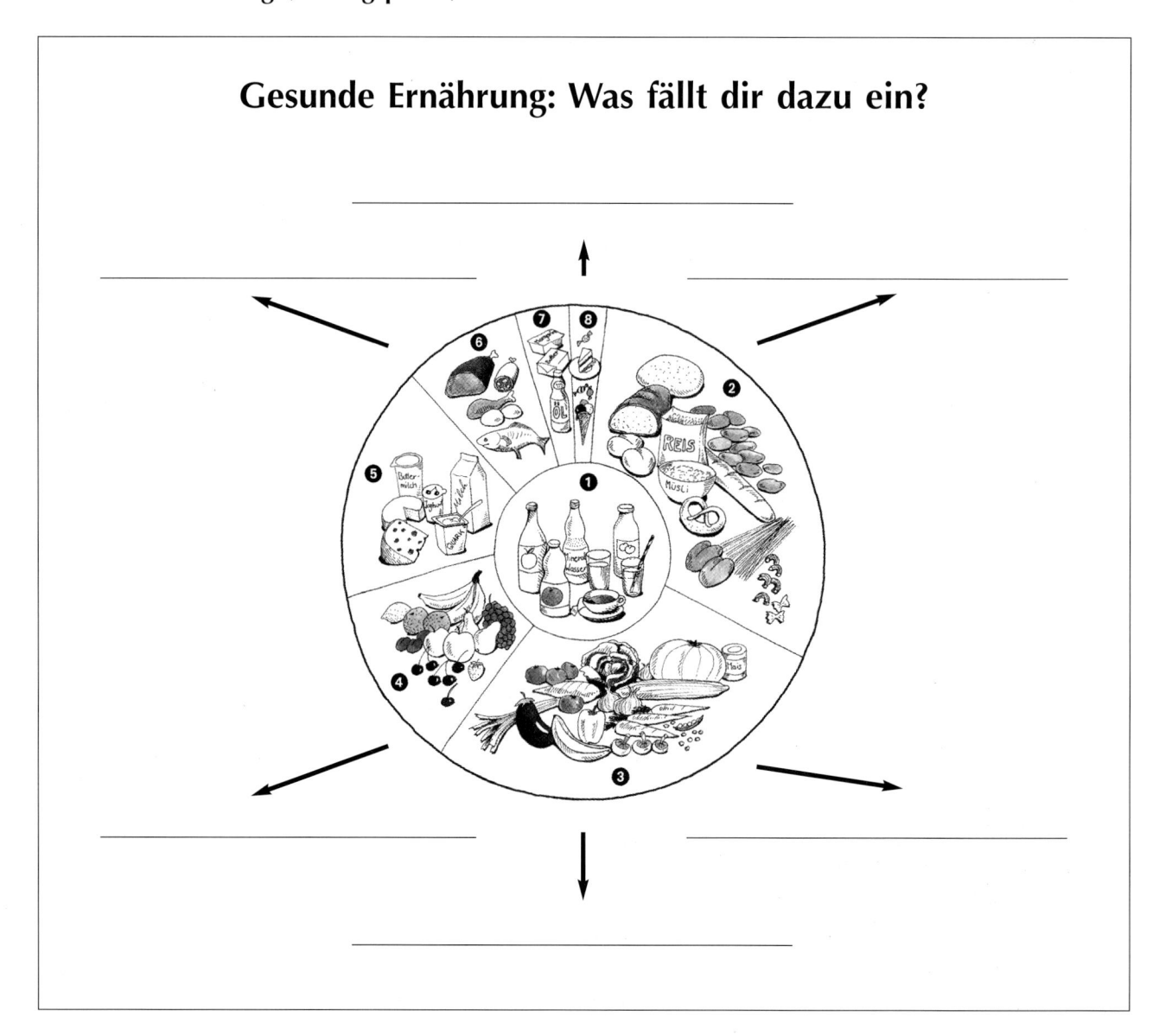

Gesunde Ernährung: Was fällt dir dazu ein?

Arbeitsteilige Gruppenarbeit (2. Teilziel)

Aufgabe 1

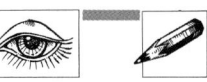

1. Lies den Text aufmerksam durch.
2. **Unterstreiche** im Text die sechs **Nährstoffe** und die vier **Begleitstoffe**.
3. Wozu braucht dein Körper die **Nährstoffe Kohlenhydrate und Fett**? Schreibe diese beiden Nährstoffe auf deinem Arbeitsblatt zu den passenden **Aufgaben im Körper**.
4. In welchen Lebensmitteln kommen diese Nährstoffe vor? Versuche die Streifen dem Ernährungskreis zuzuordnen.

Essen soll nicht nur gut schmecken und Spaß machen, sondern es muss auch alle wichtigen Stoffe enthalten, die unser Körper braucht, damit wir gesund bleiben. Diese Inhaltsstoffe der Nahrung nennt man Nährstoffe: Kohlenhydrate, Fett, Eiweiß, Wasser, Vitamine und Mineralstoffe. Außerdem enthält die Nahrung weitere wichtige Begleitstoffe wie Ballaststoffe, Geschmacks-, Geruchs- und Farbstoffe.
Die Nährstoffe **Kohlenhydrate und Fett** braucht der Körper überwiegend zur Energiegewinnung, also zur Bildung von Kraft und Wärme. Werden dem Körper zu viel davon zugeführt, speichert er sie in Form von Fett – sie sind eine Ursache von Übergewicht!
Sie kommen in folgenden Lebensmitteln vor (Beispiele):

Medien:
Arbeitsaufgabe (laminiert)
Arbeitsblatt,
Folienstift,
Nährstoffstreifen für den Ernährungskreis

Aufgabe 2

1. Lies den Text aufmerksam durch.
2. **Unterstreiche** im Text die sechs **Nährstoffe** und die vier **Begleitstoffe**.
3. Wozu braucht dein Körper die **Nährstoffe Eiweiß und Wasser**? Schreibe diese beiden Nährstoffe auf deinem Arbeitsblatt zu den passenden **Aufgaben im Körper**.
4. In welchen Lebensmitteln kommen diese Nährstoffe vor? Versuche die Streifen dem Ernährungskreis zuzuordnen.

Essen soll nicht nur gut schmecken und Spaß machen, sondern es muss auch alle wichtigen Stoffe enthalten, die unser Körper braucht, damit wir gesund bleiben. Diese Inhaltsstoffe der Nahrung nennt man Nährstoffe: Kohlenhydrate, Fett, Eiweiß, Wasser, Vitamine und Mineralstoffe. Außerdem enthält die Nahrung weitere wichtige Begleitstoffe wie Ballaststoffe, Geschmacks-, Geruchs- und Farbstoffe.
Die Nährstoffe **Eiweiß und Wasser** braucht der Körper überwiegend zum Aufbau und zum Erhalt der Körperzellen. Sie sind somit wichtige Baustoffe des Körpers.
Sie kommen in folgenden Lebensmitteln vor (Beispiele):

Medien:
Arbeitsaufgabe (laminiert)
Arbeitsblatt,
Folienstift,
Nährstoffstreifen für den Ernährungskreis

Aufgabe 3

1. Lies den Text aufmerksam durch.
2. **Unterstreiche** im Text die sechs **Nährstoffe** und die vier **Begleitstoffe**.
3. Wozu braucht dein Körper die **Nährstoffe Vitamine und Mineralstoffe**? Schreibe diese beiden Nährstoffe auf deinem Arbeitsblatt zu den passenden **Aufgaben im Körper**.
4. In welchen Lebensmitteln kommen diese Nährstoffe vor? Versuche die Streifen dem Ernährungskreis zuzuordnen.

Essen soll nicht nur gut schmecken und Spaß machen, sondern es muss auch alle wichtigen Stoffe enthalten, die unser Körper braucht, damit wir gesund bleiben. Diese Inhaltsstoffe der Nahrung nennt man Nährstoffe: Kohlenhydrate, Fett, Eiweiß, Wasser, Vitamine und Mineralstoffe. Außerdem enthält die Nahrung weitere wichtige Begleitstoffe wie Ballaststoffe, Geschmacks-, Geruchs- und Farbstoffe.
Die Nährstoffe **Vitamine und Mineralstoffe** braucht der Körper zum Schutz vor Krankheiten. Außerdem regeln sie wichtige Körpervorgänge, z. B. Stoffwechsel. Zum Teil dienen sie ihm auch zum Aufbau der Körperzellen, z. B. in den Knochen und im Blut. Sie kommen in folgenden Lebensmitteln vor (Beispiele):

Medien:
Arbeitsaufgabe (laminiert), Arbeitsblatt, Folienstift, Nährstoffstreifen für den Ernährungskreis

Aufgabe 4

1. Lies den Text aufmerksam durch.
2. **Unterstreiche** im Text die sechs **Nährstoffe** und die vier **Begleitstoffe**.
3. Wozu braucht dein Körper die **Ballaststoffe**? Schreibe den Begriff Ballaststoffe auf deinem Arbeitsblatt zu den passenden **Aufgaben im Körper**.
4. Wie werden die Ballaststoffe noch genannt? Zu welchem Nährstoff gehören sie chemisch gesehen?

Essen soll nicht nur gut schmecken und Spaß machen, sondern es muss auch alle wichtigen Stoffe enthalten, die unser Körper braucht, damit wir gesund bleiben. Diese Inhaltsstoffe der Nahrung nennt man Nährstoffe: Kohlenhydrate, Fett, Eiweiß, Wasser, Vitamine und Mineralstoffe. Außerdem enthält die Nahrung weitere wichtige Begleitstoffe wie Ballaststoffe, Geschmacks-, Geruchs- und Farbstoffe.
Die **Ballaststoffe**, auch Faserstoffe genannt, sind das „Stützgerüst der Pflanzen" (Zellulose). Chemisch gesehen gehören sie zu der Gruppe der Kohlenhydrate. Sie vermitteln dem Körper ein Sättigungsgefühl. Außerdem regen sie die Darmtätigkeit an und sind wichtig für eine gute Verdauung. Sie liefern keine Energie und sind somit gut für die schlanke Linie.
Sie kommen in folgenden Lebensmitteln vor (Beispiele):

Medien:
Arbeitsaufgabe (laminiert), Arbeitsblatt, Folienstift, Zeigepfeil

Aufgabe 5

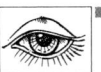

Medien:
Arbeitaufgabe (laminiert), Arbeitsblatt, Folienstift

1. Lies den Text aufmerksam durch.
2. **Unterstreiche** im Text die sechs **Nährstoffe** und die vier **Begleitstoffe**.
3. Wozu braucht dein Körper die **Geschmacks-, Geruchs- und Farbstoffe**? Schreibe diese 3 Begleitstoffe auf deinem Arbeitsblatt zu den passenden **Aufgaben im Körper**.

Essen soll nicht nur gut schmecken und Spaß machen, sondern es muss auch alle wichtigen Stoffe enthalten, die unser Körper braucht, damit wir gesund bleiben. Diese Inhaltsstoffe der Nahrung nennt man Nährstoffe: Kohlenhydrate, Fett, Eiweiß, Wasser, Vitamine und Mineralstoffe. Außerdem enthält die Nahrung weitere wichtige Begleitstoffe wie Ballaststoffe, Geschmacks-, Geruchs- und Farbstoffe.

Die **Geschmacks-, Duft- und Farbstoffe** dienen zur Appetitanregung. Man merkt dies, weil einem schon „das Wasser im Munde zusammenläuft", nur wenn man eine Speise sieht oder riecht.

Sie kommen in folgenden Lebensmitteln vor (Beispiele):

Folie/Plakat: Zuordnung der Nährstoffe zum Ernährungskreis

Vergrößern, auf Folie kopieren oder als Plakat verwenden. Den Ernährungskreis ganz lassen, die Nährstofffelder ausschneiden, damit sie von den Schülern zugeordnet werden können.

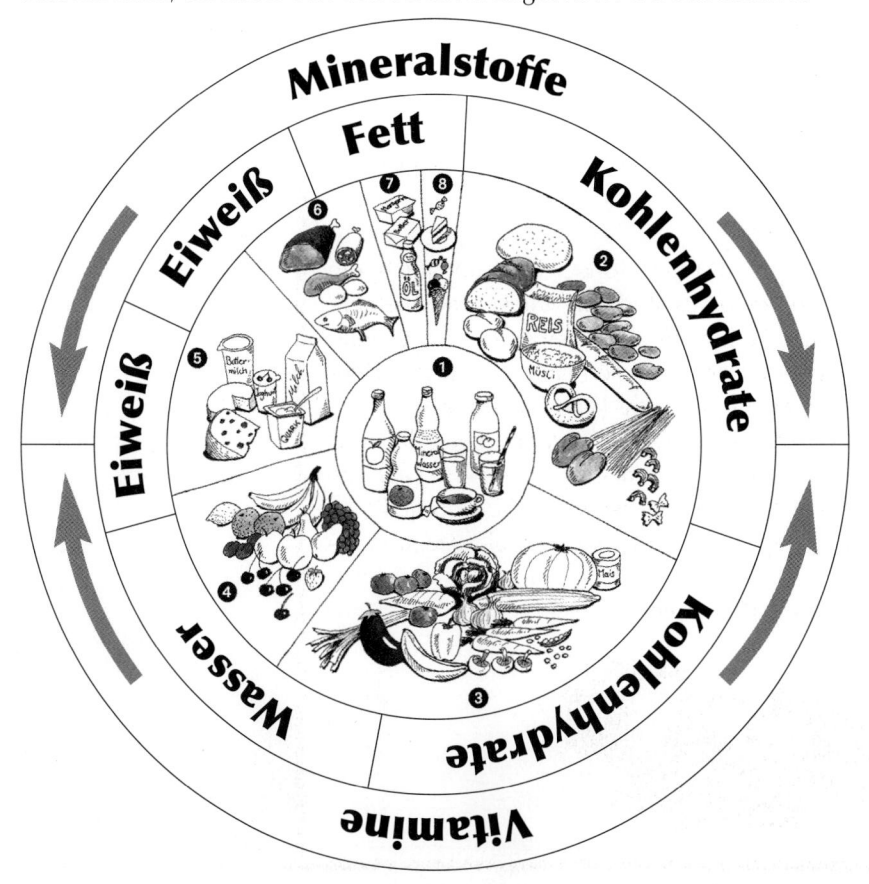

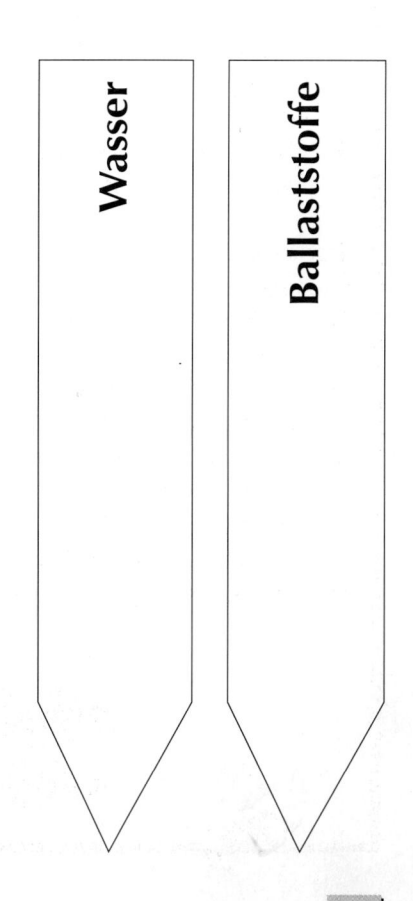

Unterrichtssequenzen Hauswirtschaftlich-sozialer Bereich, © Auer Verlag GmbH, Donauwörth
Als Kopiervorlage freigegeben

| Name: | Klasse: 7 | Datum: | HsB | Nr.: |

Die Inhaltsstoffe der Nahrung – ein Überblick

Inhaltsstoffe	Aufgaben im Körper	Vorkommen (Beispiele)
_____ _____	– Liefern dem Körper Energie in Form von Wärme und Kraft – **Vorsicht:** Zu viel führt zu Übergewicht!	
_____ _____	– Dienen vorwiegend zum Aufbau (Wachstum) und Erhalt der Körperzellen	
_____ _____	– Schützen vor Krankheiten – Regeln Körperfunktionen – Zum Teil auch Körperaufbau	
_____ _____	– Geben ein Sättigungsgefühl – Regen die Darmtätigkeit an – Liefern keine Energie → gut für die schlanke Linie!	
_____ _____	– Regen den Appetit an	

Merke: _____

Folienkartoffeln mit Sauerrahmsoße

Menge	Zutaten	(Nährstoffe)	Zubereitung
1–2 EL	Öl	(_____)	– Alufolie in passende Quadrate schneiden, mit Öl bepinseln
6–8	mittelgroße Kartoffeln (mehlig kochend)	(_____)	– Kartoffeln waschen, in Alufolie einwickeln, dass diese völlig geschlossen ist, auf den Gitterrost legen **Backen:** 40–50 Min. bei 200 °C (Garprobe!) – vor dem Servieren Folie öffnen und Kartoffeln einschneiden
2 EL 1 Becher (200 g) 1–2 EL 1 TL ½–1 TL etwas reichlich	**Sauerrahmsoße:** Mayonnaise Sauerrahm oder Crème fraîche Weißweinessig Zucker Salz weißer Pfeffer frische gehackte Salatkräuter	(_____ und _____) (_____) (_____ und _____)	– alle Zutaten gut miteinander verrühren und die Soße abschmecken – bis zum Servieren zugedeckt kalt stellen

Als Ergänzung: Gemüsestreifen zum Dippen oder frische Salate nach jahreszeitlichem Angebot!

Lösungsvorschlag zu S. 64

| Name: | Klasse: 7 | Datum: | HsB | Nr.: |

Die Inhaltsstoffe der Nahrung – ein Überblick

	Inhaltsstoffe	Aufgaben im Körper	Vorkommen (Beispiele)
Nährstoffe	Kohlenhydrate Fett	– Liefern dem Körper Energie in Form von Wärme und Kraft – **Vorsicht:** Zu viel führt zu Übergewicht!	
	Eiweiß Wasser	– Dienen vorwiegend zum Aufbau (Wachstum) und Erhalt der Körperzellen	
	Vitamine Mineralstoffe	– Schützen vor Krankheiten – Regeln Körperfunktionen – Zum Teil auch Körperaufbau	
Begleitstoffe	Ballaststoffe (Faserstoffe)	– Geben ein Sättigungsgefühl – Regen die Darmtätigkeit an – Liefern keine Energie → gut für die schlanke Linie!	
	Geschmacks-, Geruchs-, Farbstoffe	– Regen den Appetit an	

Merke: Eine möglichst abwechslungsreiche Ernährung sichert die Versorgung mit allen wichtigen Inhaltsstoffen der Nahrung!

Folienkartoffeln mit Sauerrahmsoße

Menge	Zutaten	(Nährstoffe)	Zubereitung
1–2 EL	Öl	(Fett)	– Alufolie in passende Quadrate schneiden, mit Öl bepinseln – Kartoffeln waschen, in Alufolie einwickeln, dass diese völlig geschlossen ist, auf den Gitterrost legen **Backen:** 40–50 Min. bei 200 °C (Garprobe!) – vor dem Servieren Folie öffnen und Kartoffeln einschneiden
6–8	mittelgroße Kartoffeln (mehlig kochend)	(Kohlenhydrate)	
2 EL 1 Becher (200 g) 1–2 EL 1 TL ½–1 TL etwas reichlich	**Sauerrahmsoße:** Mayonnaise Sauerrahm oder Crème fraîche Weißweinessig Zucker Salz weißer Pfeffer frische gehackte Salatkräuter	(Fett und Eiweiß) (Kohlenhydrate) (Vitamine und Mineralstoffe)	– alle Zutaten gut miteinander verrühren und die Soße abschmecken – bis zum Servieren zugedeckt kalt stellen

Als Ergänzung: Gemüsestreifen zum Dippen oder frische Salate nach jahreszeitlichem Angebot!

Fit durchs Leben mit Obst und Gemüse – 5 am Tag

Artikulation:

Anfangsphase: Auswerten der vorbereitenden Hausaufgabe; Einkaufskorb mit den Zutaten, Gesundheitskampagne „5 am Tag" (Folie mit Logo)

1. Teilziel: Zubereiten der Kochaufgabe (Salat ziehen lassen bzw. kalt stellen)

2. Teilziel: Lernzirkel, Auswertung mit Hilfe des Arbeitsblattes

Schlussphase: Bewerten der eigenen Verzehrmenge (Folie der Auswertung), freiwillige Kontrolle in der Folgewoche; Saisonkalender – Auswahl nach der Jahreszeit

Lernziele:

Die Schüler sollen …
- … die Inhaltsstoffe von Obst und Gemüse kennen.
- … deren Bedeutung für eine gesunde Ernährung wissen.
- … Frischware, Tiefkühlgemüse und Dosenware vergleichen und bewerten.
- … Vorschläge für die Umsetzung von 5 Obst-/Gemüseportionen am Tag aufzeigen.
- … ihren eigenen Obst- und Gemüseverzehr kritisch überdenken.

Medien:

Protokollzettel für die Schüler, Folien für die Anfangs- und Schlussphase, Arbeitsaufgaben für den Lernzirkel (evtl. laminiert), Textstreifen und Pfeil, 5 Teller mit möglichen Obst- und Gemüseportionen, geschnittenes Obst und Gemüse, Augenbinde, Arbeitsblatt

Hinweise:

Das Protokoll für die Essgewohnheiten in der Vorwoche austeilen.
Bitte die jeweiligen Packungsangaben zum Quellenlassen des Couscous bzw. zum Garen der Linsen beachten!

Rezeptbaustein zum Austauschen:

Bunter Linsensalat mit Kräutercreme, siehe S. 95

Protokoll (vorbereitende Hausaufgabe)

Kontrolliere deine Essensgewohnheiten!

Hausaufgabe: Kontrolliere mindestens eine Woche lang täglich die Anzahl der Portionen an Obst und Gemüse, die du während des Tages isst. Als Portion zählt ungefähr eine Hand voll Obst, Gemüse und/oder Salat. Auch ein Glas Saft (Obst- oder Gemüsesaft) kann gezählt werden. Mach ein Kreuzchen für jede Portion und zähle sie am Abend zusammen.

Montag	Dienstag	Mittwoch	Donnerstag	Freitag	Samstag	Sonntag

Hinweis: Die grauen Spalten sind für eine 2. Kontrollwoche gedacht!

Folie: Auswertung der Hausaufgabe (Anfangsphase)

Hinweis: Die Lehrkraft erfragt die Ergebnisse und trägt sie in die Folie ein.

Wie viele Obst- und Gemüseportionen werden durchschnittlich in der Klasse verzehrt?

Mach ein Kreuz bei der Zahl deiner meisten und wenigsten Tagesportionen.

Portionen am Tag	Die meisten Portionen an einem Tag	Die wenigsten Portionen an einem Tag
0		
1		
2		
3		
4		
5		
6		
mehr als 6		

Der Klassendurchschnitt liegt bei

_____ Portionen am Tag.

Folie (Anfangsphase)

„5 am Tag" – eine Gesundheitskampagne

Um welche Lebensmittelgruppen handelt es sich? Betrachte das Logo!
_____

Was bedeutet wohl „5 am Tag"?
_____

Was soll durch diese Kampagne erreicht werden?
_____

Welche Inhaltsstoffe hat Obst und Gemüse, die es so gesund machen?
_____

Lösungsvorschlag

„5 am Tag" – eine Gesundheitskampagne

Um welche Lebensmittelgruppen handelt es sich? Betrachte das Logo!
Obst und Gemüse

Was bedeutet wohl „5 am Tag"?
5-mal am Tag Obst und Gemüse zu essen

Was soll durch diese Kampagne erreicht werden?
Mehr Obst und Gemüse zu verzehren

Welche Inhaltsstoffe hat Obst und Gemüse, die es so gesund machen?
Vitamine und Mineralstoffe

Lernzirkel (2. Teilziel)

Aufgabe: Gesundheitlicher Wert

1. Lies den Text aufmerksam durch.
2. Notiere auf deinem Arbeitsblatt mindestens 4 Merkpunkte zum gesundheitlichen Wert von Obst und Gemüse.

- Obst und Gemüse versorgen den Körper mit vielen Vitaminen und Mineralstoffen, die für unsere Gesundheit und unser Wohlbefinden unbedingt notwendig sind.
- Der hohe Gehalt an Ballaststoffen ist gut für die Verdauung. Eine ballaststoffreiche Ernährung senkt zudem das Risiko, an Darmkrebs zu erkranken.
- Obst und Gemüse machen satt, haben aber nur wenig Energie, da sie viel Wasser und wenig Fett enthalten. Dies ist gut für die schlanke Linie.
- Der Fruchtzucker im Obst wird schnell vom Körper aufgenommen und gibt einen „Energiekick". Dies macht Obst zum idealen Pausensnack.
- Die Fruchtsäuren im Obst fördern den Appetit und haben zudem eine erfrischende Wirkung auf den Körper. Dies ist ideal für Jugendliche bei Sport und geistiger Arbeit.

Medien: Arbeitsaufgabe, Arbeitsblatt

Aufgabe: Sekundäre Pflanzenstoffe

1. Lies den Text aufmerksam durch und betrachte das Diagramm.
2. Welche besondere Wirkung haben die sekundären Pflanzenstoffe? Notiere einen Merkpunkt auf deinem Arbeitsblatt zum gesundheitlichen Wert.

Was sind eigentlich „Sekundäre Pflanzenstoffe"?

Pflanzen bilden diese Stoffe, um sich z. B. vor Schädlingen zu schützen oder Samen zu verbreiten (Farb- und Lockstoffe für Nützlinge). Manche sekundären Pflanzenstoffe können wir *sehen, riechen und schmecken*. Es handelt sich nämlich oft um *Farb-, Geruchs- und Geschmacksstoffe*.

Schutzwirkungen auf unseren Körper:

- Gut für Herz und Kreislauf
- Weniger Chancen für Bakterien, Viren und Pilze
- Gut für den Blutzuckerspiegel
- Stärken das Immunsystem
- Wirksam gegen Entzündungen
- Verringern das Krebsrisiko erheblich

Sie sorgen dafür, dass krebserregende Stoffe erst gar nicht entstehen oder rasch ausgeschieden werden. Je mehr Obst und Gemüse du isst, desto niedriger ist das Risiko, an Krebs zu erkranken!

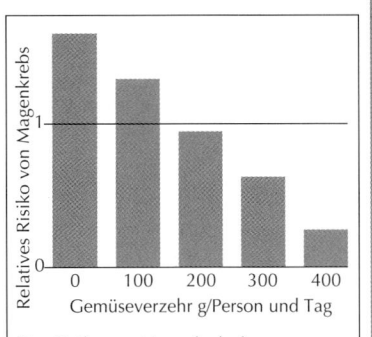

Das Risiko von Magenkrebs kann um 60 Prozent sinken, wenn der Gemüseverzehr täglich von 100 g auf 350 g steigt.

Medien: Arbeitsaufgabe, Arbeitsblatt

Aufgabe: Geschmacks- und Geruchstest

1. Verbinde deinem Partner die Augen.
2. Gib ihm einige Obst- und Gemüsestücke zum Probieren. Wie viele kann er am Geschmack und Geruch erkennen?

Medien: Arbeitsaufgabe, Augenbinde, 6–8 Sorten Obst und Gemüse (geschnitten)

Aufgabe: Vitaminverluste

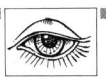

1. Schau dir das Diagramm an. Es zeigt den Vitamin-C-Gehalt von Erbsen (Tiefkühlgemüse, Frischgemüse, Gemüsekonserve) zu verschiedenen Zeitpunkten.
2. Analysiere nun den gesundheitlichen Wert. Ordne die Textstreifen dem Pfeil zu.

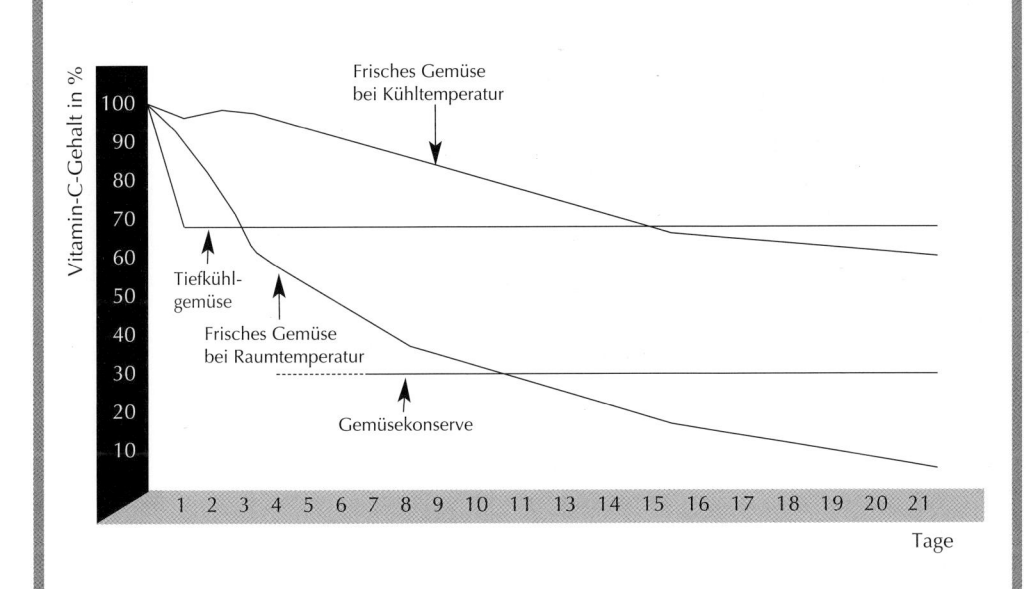

Medien: Arbeitsaufgabe, Textstreifen, Pfeil

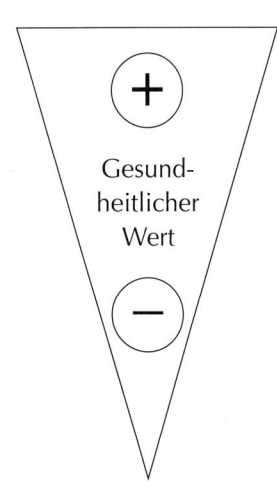

[Diagramm: Vitamin-C-Gehalt in % (y-Achse 10–100) über Tage (x-Achse 1–21) mit Kurven für Frisches Gemüse bei Kühltemperatur, Tiefkühlgemüse, Frisches Gemüse bei Raumtemperatur und Gemüsekonserve]

Pfeil: Gesundheitlicher Wert (+ oben, − unten)

- Frisches und reif geerntetes Gemüse
- Tiefgefrorenes Gemüse
- Gemüse (2 Wochen kühl gelagert)
- Gemüse (2 Wochen bei Raumtemperatur)
- Dosengemüse (Konserve)

Aufgabe: 5-mal am Tag Obst und Gemüse

1. Lies dir den Vorschlag durch, wie man 5 Obst- und Gemüseportionen über den Tag verteilt verzehren kann.
2. Notiere weitere Möglichkeiten auf deinem Arbeitsblatt.

Medien: Arbeitsaufgabe, Arbeitsblatt

5-mal am Tag Obst und Gemüse ist leicht zu schaffen – hier ein Vorschlag:

1. Frühstück: Frisches Obst ins Müsli
2. Frühstück: Belegtes Brot mit Salatblatt, Tomate und Gurke
Mittags: Gemüseeintopf
Nachmittags: Joghurt mit Banane
Abends: Pellkartoffeln mit Kräuterquark und Tomatensalat

Unterrichtssequenzen Hauswirtschaftlich-sozialer Bereich, © Auer Verlag GmbH, Donauwörth
Als Kopiervorlage freigegeben

Aufgabe: Wie viel Obst und Gemüse sollen wir täglich essen?

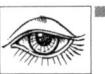

Medien:
Arbeitsaufgabe,
Arbeitsblatt,
5 Teller mit je einer
Obst- oder
Gemüseportion

1. Lies den Text aufmerksam durch.
2. Was will die Gesundheitskampagne „5 am Tag" erreichen? Notiere auf deinem Arbeitsblatt, wie viel Obst und Gemüse man täglich roh und/oder gegart essen soll.

Wissenschaftliche Untersuchungen haben es bewiesen:

Ein hoher Verzehr von Obst und Gemüse verbessert die Gesundheit und beugt vielen Krankheiten vor! Vor 10 Jahren meinte man noch, dass durch die Einnahme von „Vitaminpillen" diese positive Wirkung erreicht werden kann. Studien beweisen aber, dass dies nicht der Fall ist, zum Teil sogar eher die gegenteilige Wirkung eintritt.
Mit der Gesundheitskampagne „5 am Tag" soll das Bewusstsein für gesunde Ernährung gefördert werden. Die Botschaft ist einfach: „Iss mehr Obst und Gemüse – mindestens 5-mal am Tag, das hält fit und gesund!" In Deutschland wird überwiegend viel zu wenig Obst und Gemüse gegessen!
Täglich sollte mindestens 250–300 g Obst (2 Portionen) und ungefähr 375 g Gemüse (3 Portionen) verzehrt werden. Abwiegen ist nicht nötig: Eine Portion entspricht ca. einer „Hand voll". Eine Portion kann durch ein Glas (200 ml) Saft ersetzt werden.

Folie (Schlussphase)

Saisonkalender für Obst und Gemüse

Obst, Gemüse und Salat gibt es in Deutschland das ganze Jahr über. Auch im Winter können wir frische Erdbeeren kaufen – aber ist das sinnvoll?
Nenne mehrere Gründe, einheimisches Obst und Gemüse nach der Saison zu bevorzugen:

_____
_____
_____
_____
_____
_____
_____
_____

■ Haupsaison (großes Angebot)
■ Nebensaison (geringes Angebot)

	Januar	Februar	März	April	Mai	Juni	Juli	August	September	Oktober	November	Dezember
Obst												
Äpfel	■	■	■	▩	▩	▩	▩	▩	■	■	■	■
Birnen	▩	▩	▩					▩	■	■	■	■
Erdbeeren					▩	■	■	■	▩	▩		
Kirschen, süß						▩	■	■	▩			
Pflaumen, Zwetschgen							▩	■	■	■	▩	
Gemüse												
Blumenkohl					■	■	■	■	■	■	▩	
Bohnen, grün						▩	■	■	■	▩		
Champignons	■	■	■	■	■	■	■	■	■	■	■	■
Chicorée	■	■	■	■					▩	■	■	■
Endiviensalat	▩	▩	▩		■	■	■	■	■	■	▩	▩
Kartoffeln	▩	▩	▩	▩	▩	▩	■	■	■	■	■	▩
Kohlrabi	▩	▩	▩	■	■	■	■	■	■	■	▩	▩
Möhren	▩	▩	▩	▩	■	■	■	■	■	■	■	▩
Porree/Lauch	■	▩	▩	▩	▩	■	■	■	■	■	■	■
Tomaten					▩	■	■	■	■	■	▩	
Zwiebeln	▩	▩	▩	▩	▩	▩	▩	■	■	■	▩	▩

| Name: | | Klasse: 7 | Datum: | HsB | Nr.: |

Fit durchs Leben
mit Obst und Gemüse!

„5 am Tag" bedeutet:
_____
_____

Der gesundheitliche Wert von Obst und Gemüse:
_____
_____
_____
_____
_____
_____
_____
_____

Vorschläge für die tägliche Umsetzung:

1. Frühstück: _____
2. Frühstück: _____
Mittagessen: _____
Snack: _____
Abendessen: _____

Bunter Couscous-Salat

Menge	Zutaten	Zubereitung
200 g	Couscous (vorgekocht)	– in eine Schüssel geben
½ TL	Salz	
1 EL	Olivenöl	
250 ml	kochendes Wasser	– übergießen, einige Min. quellen lassen (Packungsangabe!)
1	Zucchini	– Gemüse je nach Art vorbereiten und möglichst klein schneiden oder hacken
2–3	Tomaten	
1	Paprikaschote (gelb)	
1	Chilischote (rot)	– alles in einer Schüssel (mit dem Couscous) mischen
1 Bund	Frühlingszwiebeln	
1 Bund	Petersilie	
	Dressing:	
150 g	Joghurt	– alle Zutaten verrühren und abschmecken
1 EL	Zitronensaft	
2 EL	Obstessig	– Salat anmachen und 30 Min. ziehen lassen, danach nochmals abschmecken oder die Soße separat zum Couscous und Gemüse reichen
3 EL	Olivenöl	
½ TL	Kümmel, gemahlen	
½ TL	Salz	
etwas	Pfeffer	

Lösungsvorschlag zu S. 70

Saisonkalender für Obst und Gemüse

Obst, Gemüse und Salat gibt es in Deutschland das ganze Jahr über. Auch im Winter können wir frische Erdbeeren kaufen – aber ist das sinnvoll?
Nenne mehrere Gründe, einheimisches Obst und Gemüse nach der Saison zu bevorzugen:

- Besserer Geschmack
- Günstiger
- Mehr Vitamine und Mineralstoffe
- Kurze Transportwege (Umweltschonung)
- Frische Ware
- Positive Auswirkungen für Allergiker

■ Hauptsaison (großes Angebot)
▩ Nebensaison (geringes Angebot)

Lösungsvorschlag zu S. 71

Name: _____ Klasse: 7 Datum: _____ HsB Nr.: _____

Fit durchs Leben
mit Obst und Gemüse

„5 am Tag" bedeutet:
Mindestens 2 Portionen Obst und 3 Portionen Gemüse

Der gesundheitliche Wert von Obst und Gemüse:

- Enthalten reichlich Vitamine und Mineralstoffe, die für Gesundheit und Wohlbefinden wichtig sind
- Enthalten viele Ballaststoffe, die gut für die Verdauung sind und sättigen
- Enthalten viel Wasser und wenig Energie und sind somit gut für die schlanke Linie
- Obst enthält Fruchtzucker, der sofort aufgenommen wird und einen „Energiekick" gibt
- Sekundäre Pflanzenstoffe wirken Krebs entgegen

Vorschläge für die tägliche Umsetzung:

1. Frühstück: Frisches Obst ins Müsli, Gemüsestreifen als Brotbelag, Obstsaft
2. Frühstück: Obst- oder Gemüsesticks zum Knabbern, Salatblatt auf dem Brot, Saft
Mittagessen: Gemüseauflauf, -suppe, -eintopf, Salate, Obst als Nachtisch
Snack: Fruchtjoghurt, frisches Obst, Milchmix mit Obst
Abendessen: Salatplatte, Gemüse-Wurstsalat, Karottenrohkost

Milch und Milchprodukte machen munter

Artikulation:

Anfangsphase: Folie „Milch – ein besonderes Lebensmittel"
1. Teilziel: Lernzirkel
2. Teilziel: Zubereiten der Kochaufgabe
Schlussphase: Aufgabe auf dem Arbeitsblatt: Unterstreichen der Milchprodukte im Rezept

Rezeptbausteine zum Austauschen:

– Fruchtcocktail mit Joghurtsoße, siehe S. 90
– Weintraubenbecher mit Knusperflocken, siehe S. 90

Lernziele:

Die Schüler sollen …
… die verschiedenen Milchprodukte hinsichtlich ihres Eiweiß- und Fettgehalts beurteilen.
… die Bedeutung von Eiweiß und Calcium für Jugendliche erklären.
… bereit sein, Milch und Milchprodukte in ihre tägliche Ernährung einzuplanen und dazu Möglichkeiten nennen.
… Milch als wertvolles Getränk erkennen.

Medien:

Arbeitsaufgaben für den Lernzirkel und diverse Materialien (siehe Angaben beim Lernzirkel!), Arbeitsblätter

Folie: Milch – ein besonderes Lebensmittel (Anfangsphase)

Womit werden Babys in den ersten Lebensmonaten ernährt?

Mit Milch! Sie enthält alle Nährstoffe, die ein Säugling in den ersten Monaten braucht, um gesund zu wachsen.

Lernzirkel: Milch und Milchprodukte (1. Teilziel)

Aufgabe 1: Warum sind Milch und Milchprodukte besonders wichtig für Jugendliche?

1. Lies den Text aufmerksam durch.
2. Trage die Aufgaben von Eiweiß und Calcium in dein Arbeitsblatt ein.

Milch enthält relativ viel **Eiweiß**. Der wissenschaftliche Ausdruck für Eiweiß heißt „Protein". Dieses Wort kommt aus dem Griechischen und heißt übersetzt: „Ich nehme den ersten Platz ein."
Eiweiß ist der wichtigste Baustoff in deinem Körper. Aus Eiweiß werden täglich neue Körperzellen aufgebaut, z. B. deine Gehirnzellen und deine Muskeln. Für deine geistige und sportliche Fitness sind Milch und Milchprodukte somit unentbehrlich.
Milch und Milchprodukte enthalten außerdem viel **Calcium**. Das benötigen deine Knochen und Zähne. Sie bestehen hauptsächlich aus Calcium und dieser Mineralstoff macht sie hart und stabil. Besonders jetzt als Jugendlicher benötigst du eine Extraportion Calcium, da deine Knochen noch wachsen müssen. Eine hohe Knochendichte durch genügend Calcium schützt dich im Alter vor Osteoporose (= Knochenerweichung).

Medien:
Arbeitsaufgabe, Arbeitsblatt

Aufgabe 2: Milchprodukte im Vergleich

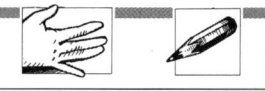

1. Ordne die Wortkarten den Milchprodukten zu.
2. Informiere dich über den Fett- und Eiweißgehalt der Milcherzeugnisse im Diagramm.
3. Welche Milchprodukte sollst du vorwiegend essen/trinken? Ergänze die Tabelle auf deinem Arbeitsblatt.

Medien: Arbeitsaufgabe, Wortkarten, Arbeitsblatt, verschiedene Milcherzeugnisse (z. B. leere Packungen), Diagramm

Vollmilch	Fettarme Milch	Eis	Vollmilchjoghurt	Butter
Dickmilch	Kefir	Buttermilch	Magermilchjoghurt	Sahne
Magerquark	Sahnequark			

Eiweiß- und Fettgehalt (g) in Milchprodukten

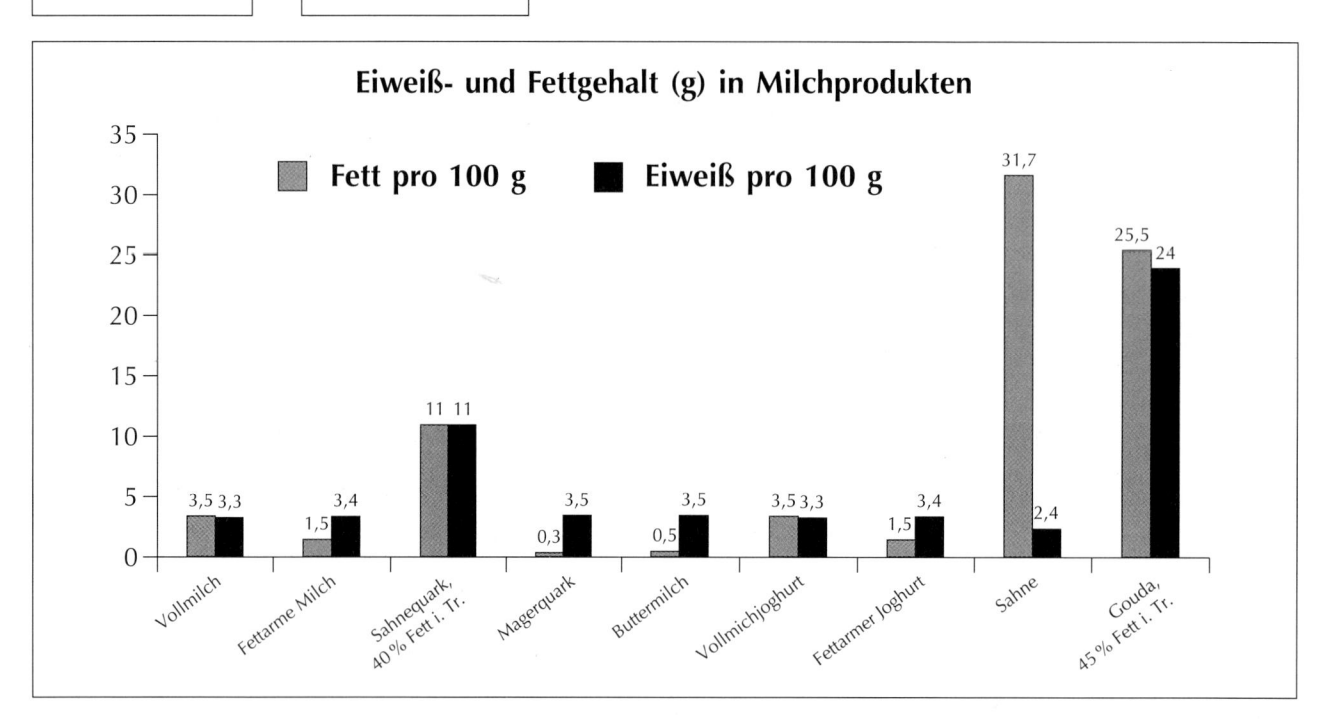

Fett pro 100 g — Eiweiß pro 100 g

- Vollmilch: 3,5 / 3,3
- Fettarme Milch: 1,5 / 3,4
- Sahnequark, 40 % Fett i. Tr.: 11 / 11
- Magerquark: 0,3 / 3,5
- Buttermilch: 0,5 / 3,5
- Vollmilchjoghurt: 3,5 / 3,3
- Fettarmer Joghurt: 1,5 / 3,4
- Sahne: 31,7 / 2,4
- Gouda, 45 % Fett i. Tr.: 25,5 / 24

Aufgabe 3: Wie kannst du deinen täglichen Calciumbedarf decken?

1. Lies den Text aufmerksam durch.
2. Suche in den Kochbüchern Rezepte mit Milch oder Milchprodukten.
3. Trage in deinem Arbeitsblatt Beispiele ein, wie du deinen täglichen Calciumbedarf decken kannst.

Um den **täglichen Calciumbedarf** zu decken, sollten:

- Kinder und Erwachsene mindestens ½ l Milch trinken.
- Jugendliche, Schwangere und Stillende mindestens ¾ l Milch trinken oder entsprechende Milchprodukte zu sich nehmen.

Milch entspricht: ¼ l Buttermilch oder 250 g Joghurt, Kefir, Quark oder 5 Scheiben Käse, z. B. Emmentaler, Tilsiter

Medien: Arbeitsaufgabe, Milchprodukte:
- ½ l Milch
- ¼ l Buttermilch, 250 g Joghurt, Kefir oder Quark
- 5 Scheiben Käse, z. B. Emmentaler oder Tilsiter
Kochbücher, Arbeitsblatt

Aufgabe 4: H-Milch und Frischmilch im Vergleich

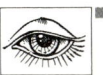

1. Lies den Text aufmerksam durch.
2. Ergänze die Tabelle auf deinem Arbeitsblatt.

H-Milch steht ganz einfach für „Haltbare Milch". Sie heißt auch „Ultrahocherhitzte Milch", denn sie wird für einige Sekunden auf ca. 140 °C erhitzt. Dadurch werden alle Keime, aber auch viele Vitamine, abgetötet. H-Milch ist in der ungeöffneten Verpackung auch ohne Kühlung 6–8 Wochen haltbar.

Frischmilch ist pasteurisiert, das bedeutet, sie wurde nur auf ca. 80 °C erhitzt. Durch die schonendere Haltbarmachung bleibt der Geschmack unverändert gut und die Vitamine bleiben ebenso erhalten. Allerdings ist sie nur einige Tage lang im Kühlschrank haltbar. Seit kurzem gibt es ein neues Verfahren, bei dem die Milch mit heißem Wasserdampf sehr kurz und schonend auf 125 °C hoch erhitzt wird. Sie schmeckt wie Frischmilch, verdirbt aber nicht so rasch. Sie hält sich ungeöffnet im Kühlschrank ca. 16 Tage. Frischmilch wird oft in der Pfandflasche angeboten, die umweltfreundlich ist.

Medien: Arbeitsaufgabe, H-Milchflasche oder -tüte, Frischmilch in der Pfandflasche, Arbeitsblatt

Aufgabe 5: Joghurt – Quelle für ein langes Leben?

1. Lies den Text durch.
2. Trage in dein Arbeitsblatt ein, warum Joghurt so gesund ist.

Joghurt ist ein gesäuertes Milchprodukt. Das Wort Joghurt leitet sich vom türkischen „Yoghurmak" ab, das bedeutet „verdichten". In Bulgarien nennt man Joghurt auch „Milch des langen Lebens".

Joghurt enthält leicht verdauliches Eiweiß, Calcium, Phosphor, Kalium, Vitamin A und Vitamine der B-Gruppe. Die Milchsäurebakterien im Joghurt haben eine sehr positive Auswirkung auf die Verdauung. Sie wirken sogar lindernd bei einer Magenschleimhaut-Entzündung. Auf Grund seines hohen Gehaltes an Calcium fördert Joghurt die Knochendichte und kann in späteren Lebensjahren der Osteoporose (= Knochenerweichung) entgegenwirken.

Medien: Arbeitsaufgabe, Arbeitsblatt

Aufgabe 6: Milchgetränke auf dem Prüfstand!

Lies zuerst **alle Aufgaben** aufmerksam durch.
1. Stellt gemeinsam Bananenmilch her: 1 Banane in Scheiben schneiden, mit dem Mixer pürieren, nach und nach ½ l Milch zugeben.
2. Testet und vergleicht die selbst hergestellte Bananenmilch und die gekaufte Bananenmilch hinsichtlich Aussehen, Geschmack und Zutaten. Welche schmeckt besser?
3. Lest die Zutatenliste der gekauften Bananenmilch durch. Welche ist gesünder?
4. Tragt eure Ergebnisse auf dem Arbeitsblatt ein.
5. Füllt die restliche Bananenmilch in eure Gläser und stellt sie auf euren Essplatz.

Medien: Arbeitsaufgabe, Bananen, Milch, Mixer, Schneidebrett, Messer, gekaufte Bananenmilch, Gläser, Arbeitsblatt

Unterrichtssequenzen Hauswirtschaftlich-sozialer Bereich, © Auer Verlag GmbH, Donauwörth
Als Kopiervorlage freigegeben

| Name: | Klasse: 7 | Datum: | HsB | Nr.: |

Milch und Milchprodukte machen munter!

1. Warum sind Milch und Milchprodukte besonders wichtig für Jugendliche?

Milch und Milchprodukte enthalten viel _____ – der _____ in meinem Körper:

→ z. B. _____   → z. B. _____

wichtig: wichtig:

_____   _____

_____   _____

_____   _____

Eine ausreichende Versorgung mit _____ sorgt für mich als Jugendlicher im Wachstum für _____ und _____ Außerdem schützt eine gute Versorgung mit Calcium mich in späteren Jahren vor Osteoporose (Knochenerweichung).

2. Milchprodukte im Vergleich

Ich esse/trinke viel …	Ich esse/trinke wenig …
da diese Produkte viel Eiweiß und wenig Fett enthalten.	da diese Produkte relativ viel Fett enthalten.

3. Wie kannst du deinen täglichen Calciumbedarf decken?

Ich trinke täglich mindestens _____ oder esse entsprechende Milchprodukte.

Zum Frühstück: z. B. _____
Für die Pause: z. B. _____
Zum Mittagessen: z. B. _____
Am Nachmittag: z. B. _____
Zum Abendessen: z. B. _____

4. H-Milch und Frischmilch im Vergleich

	Geschmack	Vitamingehalt	Haltbarkeit	Umweltfreundlichkeit
H-Milch				
Frischmilch				

5. Was macht Joghurt so gesund?

_____
_____

| Name: | Klasse: 7 | Datum: | HsB | Nr.: |

6. Bananenmilch auf dem Prüfstand

Selbst hergestellte Bananenmilch: *Gekaufte Bananenmilch:*

⇐ Geschmack ⇒
⇐ Aussehen ⇒
⇐ Zutaten ⇒

7. Hinein ins Milchvergnügen!

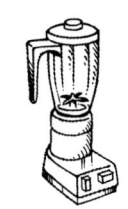

Weitere Milch-Mix-Rezepte für zu Hause:

Experimentiere selbst und mixe dir zu Hause deine Lieblingsfrüchte mit Milch, Joghurt, Buttermilch, Kefir, Sauermilch …

Bananen-Flip

½ l Vollmilch
1 Banane
etwas Kokosflocken

Banane in Stücke schneiden, mit etwas Milch mit dem Pürierstab pürieren, dann restliche Milch dazugeben und unterrühren.
In Gläser füllen, ein paar Kokosflocken darüber streuen.

Hokus-Schokus

½ l Vollmilch
1 Päckchen Vanillezucker
evtl. noch Zucker nach Geschmack
4 Kugeln Schokoladeneis
4 TL Borkenschokolade

Vollmilch süßen, auf 4 Gläser verteilen, in jedes Glas 1 Eiscremekugel geben und mit Borkenschokolade bestreuen. Trinkhalm und Stiellöffel dazureichen.

Mango-Tango

4 Mangohälften
½ l Vollmilch
4 Kugeln Vanilleeis
4 gehäufte EL geschlagene Sahne
2 TL gehackte Pistazien

Mangohälften und Vollmilch im Mixer pürieren, in Longdrinkgläser geben, Eiscreme dazugeben, mit einer Sahnehaube versehen und mit Pistazien bestreuen. Sofort servieren.

Aufgabe: Unterstreiche alle Milchprodukte, die wir in diesem Rezept verwenden.

Früchte im Schnee

Menge	Zutaten	Zubereitung
500 g	Obst z. B. Äpfel, Birnen, Bananen, Kiwi, Pflaumen: – je nach Jahreszeit – farblich gemischt	– Obst je nach Art waschen, putzen, schälen und in gleich große Stücke schneiden
1 Päckchen etwas	Vanillezucker Zitronensaft	– Vanillezucker und Zitronensaft untermischen, abdecken und durchziehen lassen
150 g 250 g 2–3 EL 200 ml	Dickmilch Magerquark Ahornsirup oder Zucker Sahne Minzeblättchen	– Zutaten mit dem Schneebesen glatt rühren – Sahne schlagen, vorsichtig unter die Creme rühren, abschmecken, Crememasse in Schälchen füllen – Früchte auf die Crememasse verteilen – zum Garnieren

Lösungsvorschlag zu S. 76

| Name: | Klasse: 7 | Datum: | HsB | Nr.: |

Milch und Milchprodukte machen munter!

1. Warum sind Milch und Milchprodukte besonders wichtig für Jugendliche?

Milch und Milchprodukte enthalten viel Eiweiß – der Baustoff in meinem Körper:

→ z. B. für meine Gehirnzellen
→ z. B. für meine Muskeln

wichtig:
- beim Lernen,
- am Computer,
- bei Schulaufgaben

wichtig:
- beim Sport (Fußball, Inlineskaten ...)

Eine ausreichende Versorgung mit Calcium und Zähne sorgt für mich als Jugendlicher im Wachstum für feste Knochen und Zähne. Außerdem schützt eine gute Versorgung mit Calcium mich in späteren Jahren vor Osteoporose (Knochenerweichung).

2. Milchprodukte im Vergleich

Ich esse/trinke viel ...
fettarme Milch, Quark und Joghurt
da diese Produkte viel Eiweiß und wenig Fett enthalten.

Ich esse/trinke wenig ...
Butter, Sahne, fetten Käse
da diese Produkte relativ viel Fett enthalten.

3. Wie kannst du deinen täglichen Calciumbedarf decken?

Ich trinke täglich mindestens drei viertel Liter Milch oder esse entsprechende Milchprodukte.

Zum Frühstück: z. B. 1 Becher Joghurt im Müsli, Kakao
Für die Pause: z. B. Trinkmilch, Käsebrot
Zum Mittagessen: z. B. Quarkauflauf
Am Nachmittag: z. B. Bananenmilch, Eis
Zum Abendessen: z. B. Kartoffeln mit Kräuterquark

4. H-Milch und Frischmilch im Vergleich

	Geschmack	Vitamingehalt	Haltbarkeit	Umweltfreundlichkeit
H-Milch	verändert	niedriger	6–8 Wochen	Tetra-Pak: schlechter
Frischmilch	unverändert gut	höher	einige Tage	Pfandflasche: besser

5. Was macht Joghurt so gesund?

Joghurt ist leichter verdaulich als Milch und gut für die Verdauung.
Er wirkt lindernd bei einer Magenschleimhaut-Entzündung.

Lösungsvorschlag zu S. 77

| Name: | Klasse: 7 | Datum: | HsB | Nr.: |

6. Bananenmilch auf dem Prüfstand

Selbst hergestellte Bananenmilch:
- Schmeckt nach „echten" Bananen.
- Man sieht Bananenstücke.

⇧ Geschmack
⇧ Aussehen
⇧ Zutaten

Gekaufte Bananenmilch:
- Schmeckt künstlicher.
- Farbe hellgelb ...
- Geschmacks- und Aromastoffe,
- Bananen, Milch.
- viel Zucker.

7. Hinein ins Milchvergnügen!

Weitere Milch-Mix-Rezepte für zu Hause:

Bananen-Flip
½ l Vollmilch
1 Banane
etwas Kokosflocken

Banane in Stücke schneiden, mit etwas Milch mit dem Pürierstab pürieren, dann restliche Milch dazugeben und unterrühren.
In Gläser füllen, ein paar Kokosflocken darüber streuen.

Hokus-Schokus
½ l Vollmilch
1 Päckchen Vanillezucker
evtl. noch Zucker nach Geschmack
4 Kugeln Schokoladeneis
4 TL Borkenschokolade

Vollmilch süßen, auf 4 Gläser verteilen, in jedes Glas 1 Eiscremekugel geben und mit Borkenschokolade bestreuen. Trinkhalm und Stiellöffel dazureichen.

Mango-Tango
4 Mangohälften
½ l Vollmilch
4 Kugeln Vanilleeis
4 gehäufte EL geschlagene Sahne
2 TL gehackte Pistazien

Mangohälften und Vollmilch im Mixer pürieren, in Longdrinkgläser geben, Eiscreme dazugeben, mit einer Sahnehaube versehen und mit Pistazien bestreuen. Sofort servieren.

Experimentiere selbst und mixe dir zu Hause deine Lieblingsfrüchte mit Milch, Joghurt, Buttermilch, Kefir, Sauermilch ...

Aufgabe: Unterstreiche alle Milchprodukte, die wir in diesem Rezept verwenden.

Früchte im Schnee

Menge	Zutaten	Zubereitung
500 g	Obst z. B. Äpfel, Birnen, Bananen, Kiwi, Pflaumen: – je nach Jahreszeit – farblich gemischt	– Obst je nach Art waschen, putzen, schälen und in gleich große Stücke schneiden
1 Päckchen etwas	Vanillezucker Zitronensaft	– Vanillezucker und Zitronensaft untermischen, abdecken und durchziehen lassen
150 g 250 g 2–3 EL	Dickmilch Magerquark Ahornsirup oder Zucker	– Zutaten mit dem Schneebesen glatt rühren
200 ml	Sahne	– Sahne schlagen, vorsichtig unter die Creme rühren, abschmecken, Crememasse in Schälchen füllen – Früchte auf die Crememasse verteilen
	Minzeblättchen	– zum Garnieren

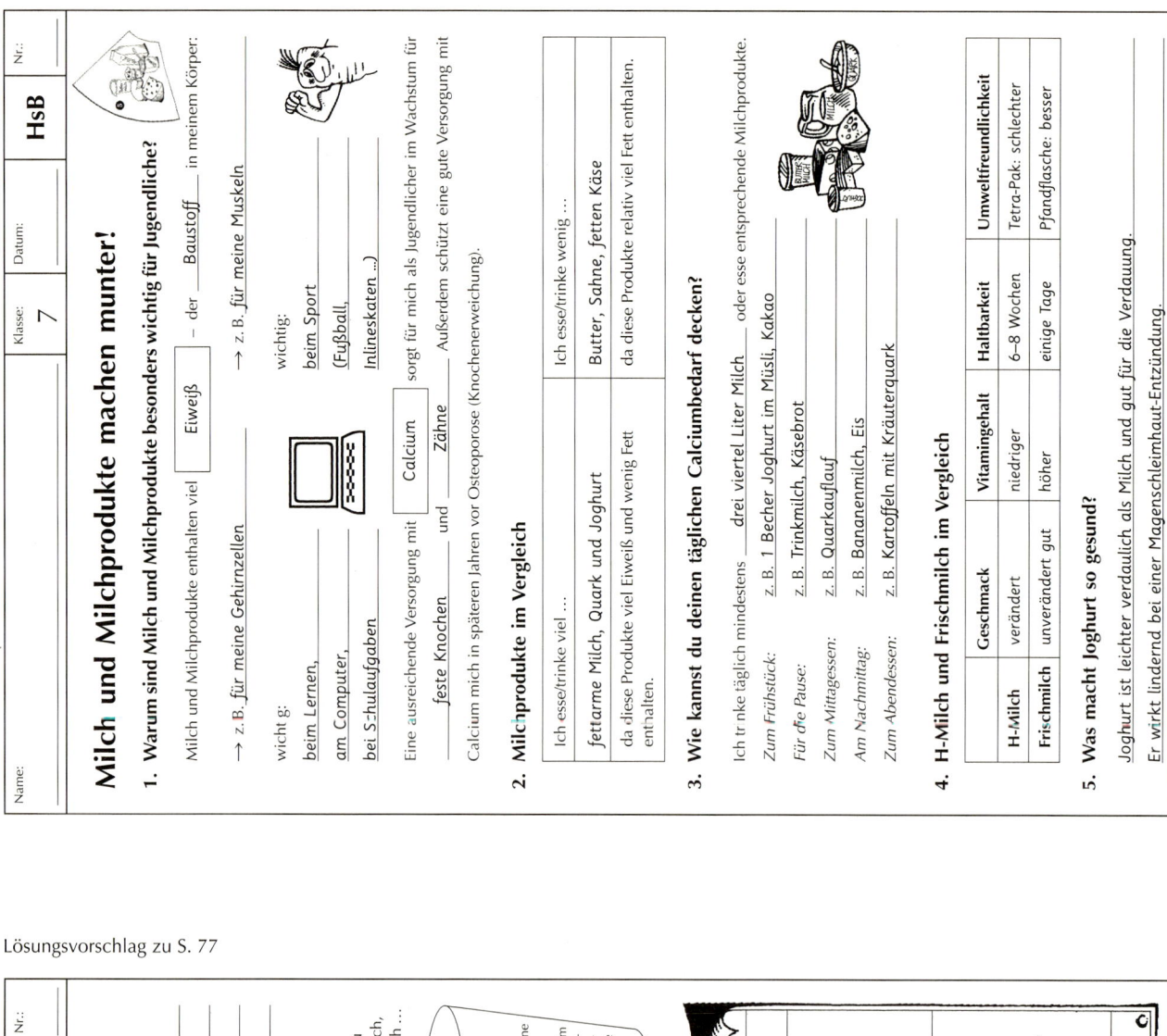

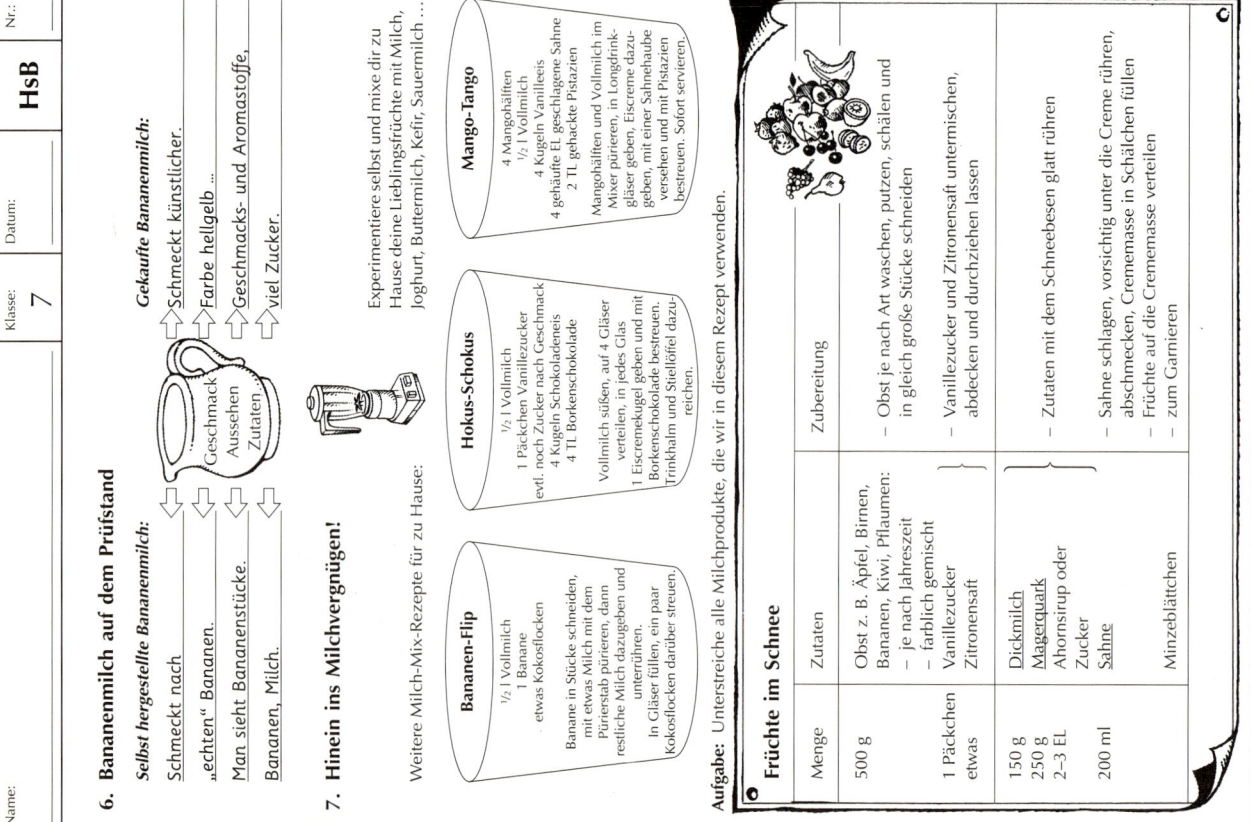

Es muss nicht immer Fleisch sein!

Artikulation:

Anfangsphase: Sammeln von Daten zum wöchentlichen Verzehr von Lebensmitteln der Gruppe: Fleisch, Fisch und Eier
1. Teilziel: Zubereiten der Kochaufgabe
2. Teilziel: Lernzirkel, Auswertung mit Hilfe des Arbeitsblattes
Schlussphase: Schüler vergleichen ihren persönlichen Konsum von Fleisch, Fisch und Eiern anhand des Plakates der Anfangsphase mit den Ernährungsempfehlungen

Rezeptbaustein zum Austauschen:

Nudeln mit bunter Gemüsesoße, siehe S. 95

Lernziele:

Die Schüler sollen …
… wertvolle Inhaltsstoffe von tierischen Lebensmitteln kennen lernen.
… die Bedeutung von Eiweiß kennen.
… Personengruppen mit erhöhtem Eiweißbedarf wissen.
… Folgen von zu hoher Eiweißzufuhr kennen.
… Ernährungsempfehlungen für die wöchentliche Speiseplanung machen.

Medien:

Ernährungskreis, vergrößertes Plakat für die Anfangsphase, Klebepunkte, Arbeitsaufgaben für den Lernzirkel, vergrößerte (evtl. laminierte) Wortkarten, Kochbücher mit Fischrezepten, evtl. Folie aus Band 1 (siehe Lernzirkel), Arbeitsblatt

Plakat (Anfangsphase und Schlussphase)

Auf DIN A3 vergrößern!

Aufgabe: Jeder Schüler erhält 3 farbige Klebepunkte und soll diese je nach seiner persönlichen Verzehrmenge der vergangenen Woche aufkleben.

Lebensmittel:	0 × pro Woche	1 × pro Woche	2 × pro Woche	3 × pro Woche	4 × pro Woche	5 × pro Woche
Fleisch						
Fisch						
Eier						

Unterrichtssequenzen Hauswirtschaftlich-sozialer Bereich, © Auer Verlag GmbH, Donauwörth
Als Kopiervorlage freigegeben

Lernzirkel (2. Teilziel)

Aufgabe: Bedeutung für den Körper

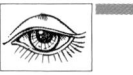

1. Lies den Text durch.
2. Ergänze den wichtigsten Nährstoff auf deinem Arbeitsblatt.
3. Ergänze die Bedeutung von Eiweiß auf deinem Arbeitsblatt.

Der wichtigste Nährstoff der Lebensmittelgruppe Fleisch, Fisch und Eier ist Eiweiß. Der wissenschaftliche Ausdruck für Eiweiß ist Protein. Neben Eiweiß liefert diese Lebensmittelgruppe auch noch Fette, Vitamine und Mineralstoffe.

Eiweiß ist lebensnotwendig, vor allem in der Wachstumsphase, da es verantwortlich ist für den Aufbau von Zellen, z. B. in Muskeln, Knochen etc.

Medien: Arbeitsaufgabe, Arbeitsblatt

Aufgabe: Erhöhter Eiweißbedarf

1. Lies den Text durch und betrachte die Bilder.
2. Ergänze die Personengruppen, die mehr Eiweiß essen sollen, auf deinem Arbeitsblatt.

Folgende Personengruppen benötigen mehr Eiweiß, da der Körper mehr Zellen aufbauen bzw. erneuern muss:

Medien: Arbeitsaufgabe, Arbeitsblatt

Aufgabe: Tierische und pflanzliche eiweißreiche Lebensmittel

1. Ordne die Wortkarten mit den Lebensmitteln entsprechend ihrer Herkunft in tierische und pflanzliche Lebensmittel ein.
2. Ergänze tierische und pflanzliche eiweißreiche Lebensmittel auf deinem Arbeitsblatt.

Medien: Arbeitsaufgabe, Arbeitsblatt, vergrößerte, evtl. laminierte Wortkarten

tierisch	**pflanzlich**	Fleisch	Fisch	Eier
Hülsenfrüchte	Milch und Milchprodukte			Kartoffeln
Wurst	Vollkornprodukte	Sojaprodukte		

Aufgabe: Folgen von zu viel tierischem Eiweiß

1. Lies den Text durch.
2. Ergänze die Folgen von zu viel tierischem Eiweiß in deinem Arbeitsblatt.

Der Konsum an tierischen Lebensmitteln ist in Deutschland viel zu hoch. Dies hat Folgen für die Gesundheit. Zu viel Fleisch kann zu einem erhöhten Harnsäurespiegel führen und die Gelenkserkrankung Gicht auslösen.

Tierische, eiweißreiche Lebensmittel wie Fleisch, Fisch und Eier haben neben einem hohen Fettgehalt auch einen sehr hohen Cholesteringehalt. Ein zu hoher Cholesterinspiegel fördert die Entstehung von Herz- und Kreislauferkrankungen.

Medien:
Arbeitsaufgabe,
Arbeitsblatt

Aufgabe: Eier

1. Lies den Text durch.
2. Ergänze das Kästchen „Eier" auf deinem Arbeitsblatt.

Eier enthalten das hochwertigste Eiweiß. Ebenso sind sie reich an den Vitaminen A, D, B_2 und Folsäure. Eier von frei laufenden Hühnern, die im Gras picken können, schmecken besonders gut.

Leider haben Eier einen sehr hohen Cholesteringehalt. Daher sollte man den Verzehr von Eiern auf 1–3 Stück pro Woche beschränken.

Medien:
Arbeitsaufgabe,
Arbeitsblatt

Aufgabe: Fisch ist gesund!

1. Lies den Text durch.
2. Ergänze das Kästchen „Fisch" auf deinem Arbeitsblatt.
3. Suche in den Kochbüchern nach leckeren Fischrezepten.

Fisch ist ein sehr wertvolles Lebensmittel für die Ernährung. Fische enthalten hochwertiges, besonders leicht verdauliches Eiweiß.
Insbesondere Salzwasserfische haben einen sehr hohen Jodanteil. Zur Vorbeugung eines Jodmangels wird empfohlen, 1–2-mal pro Woche Fisch zu essen.

Ebenso enthalten Fische die Omega-3-Fettsäuren. Das sind seltene lebensnotwendige Fettsäuren, die einen positiven Einfluss auf die Blutfette haben und den Blutdruck senken.

Medien:
Arbeitsaufgabe,
Arbeitsblatt,
verschiedene
Kochbücher

Aufgabe: Fleisch und Wurstwaren

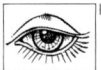

1. Lies den Text durch.
2. Ergänze das Kästchen „Fleisch und Wurstwaren" auf deinem Arbeitsblatt.

Der Fleischkonsum in Deutschland ist zu hoch und dies trägt zu vielen Zivilisationskrankheiten sowie Übergewicht bei. Die Deutsche Gesellschaft für Ernährung empfiehlt, wöchentlich nur 2–3-mal Fleisch und nur 2–3-mal Wurst zu essen.

BSE, Maul- und Klauenseuche, Schweinepest und Tierquälerei bei der Massentierhaltung und Tiertransporten haben vielen den Appetit verdorben. Die Unsicherheit ist groß, ob Fleisch überhaupt gesund ist. Eine zwar etwas teurere, aber dafür qualitativ bessere Alternative kann der Kauf von biologischen Fleischprodukten aus regionaler Erzeugung sein.

Medien:
Arbeitsaufgabe,
Arbeitsblatt

Aufgabe: Weniger Fleisch für eine bessere Welt

1. Lies den Text durch.
2. Formuliere zwei Merksätze für eine bessere Welt.

Fleischerzeugung schadet der Umwelt und vergrößert den Welthunger. Massentierhaltung von Rindern trägt unter anderem zur Abholzung des Regenwaldes und zum Treibhauseffekt bei.

Um 1 kg Rindfleisch zu erzeugen, benötigt man 34 kg Getreide. Wenn z. B. alle Amerikaner ihren Fleischverbrauch in einem Jahr um 12 Prozent senken würden, könnte man mit den 12 Millionen Tonnen Getreide, die nicht verfüttert wurden, alle Hungernden der Welt für 1 Jahr satt machen!

_____

_____

Medien:
Arbeitsaufgabe,
evtl. Folie „Fleisch – die große Verschwendung" aus Band 1, Seite 120 (Unterrichtseinheit „Eiweiß – Nahrung für Muskeln und Hirn")

HsB Band 7 1

Aufgabe: Leben Vegetarier gesund?

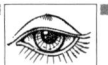

1. Lies den Text durch.
2. Ergänze das Kästchen „Vegetarier" auf deinem Arbeitsblatt.

Vegetarier essen kein Fleisch und keinen Fisch. Dies führt nicht zu Mangelerscheinungen. Im Gegenteil, bei vielen Statistiken schneiden Vegetarier im Vergleich zur Fleisch essenden Bevölkerung viel besser ab, z. B. soll das Krebsrisiko und das Risiko eines Herzinfarktes von Vegetariern geringer sein, sie sollen schlanker sein und die Lebenserwartung ist angeblich höher.

Medien:
Arbeitsaufgabe,
Arbeitsblatt

| Name: | Klasse: 7 | Datum: | HsB | Nr.: |

Lebensmittelgruppe: Fleisch, Fisch und Eier

Wichtigster Nährstoff:
_____

Bedeutung von Eiweiß:
_____
_____

Wer muss mehr eiweißreiche Lebensmittel essen?
_____
_____

Fleisch und Wurstwaren
Wie oft pro Woche:_____
Was verdirbt vielen den Appetit?
_____
_____

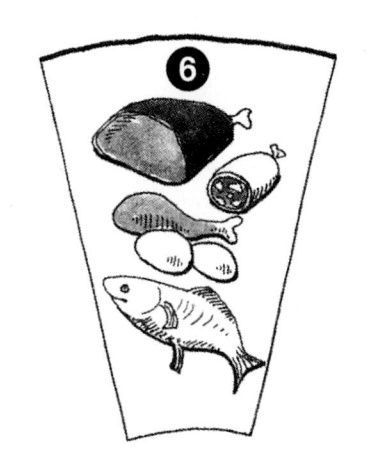

Eiweißreiche Lebensmittel
a) tierische
_____
_____
_____

b) pflanzliche
_____
_____
_____

Fisch
Wie oft pro Woche:_____
Besonders wertvoll wegen:
_____
_____

Eier
Wie viele pro Woche: _____
Gefahr:
Hoher _____

Zu viel tierisches Eiweiß führt zu:
_____
_____

Vegetarier:
Essen kein _____

Fisch nach mexikanischer Art

Menge	Zutaten	Zubereitung
2–3	Fischfilet (TKK oder frisch)	
1–2 EL	Zitronensaft	– über das Fischfilet träufeln
etwas	Salz, Pfeffer	– Filet beidseitig würzen
2 EL	Öl	– erhitzen, Fisch auf beiden Seiten kurz bräunen und in eine mit Öl gefettete feuerfeste Form legen
1–2	Zwiebel	– in Würfel schneiden
1	Paprika	
100 g	Kürbiskerne	– hacken
		– Zwiebel, Paprika und Kürbiskerne in Öl anbraten
2	Orangen (gepresst oder 1/8 l Saft)	– aufgießen und über den Fisch verteilen
		– den Fisch zugedeckt backen
		Temperatur: 180 °C **Zeit:** 20–30 Min.
2 EL	Petersilie	– hacken, Gericht damit garnieren

Beilagen: Salzkartoffeln oder Baguette, grüner Salat

Lösungsvorschlag zu S. 83

| Name: | Klasse: 7 | Datum: | HsB | Nr.: |

Lebensmittelgruppe: Fleisch, Fisch und Eier

Wichtigster Nährstoff:
Eiweiß

Fleisch und Wurstwaren
Wie oft pro Woche: 2–3-mal
Was verdirbt vielen den Appetit?
BSE, Schweinepest,
Massentierzucht

Fisch
Wie oft pro Woche: 1–2-mal
Besonders wertvoll wegen:
Jod, Eiweiß
Omega-3-Fettsäuren

Eier
Wie viele pro Woche: 1–3-mal
Gefahr:
Hoher Cholesteringehalt

Bedeutung von Eiweiß:
Baustoff für Zellen, z. B.
Muskeln und Knochen

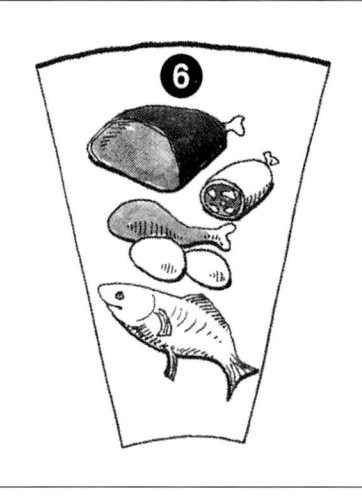

Zu viel tierisches Eiweiß führt zu:
Gicht, Herz- und
Kreislauferkrankungen

Wer muss mehr eiweißreiche Lebensmittel essen?
Kinder, Jugendliche, Sportler,
Schwangere, Senioren

Eiweißreiche Lebensmittel
a) tierische
Fleisch, Wurst, Fisch, Eier
Milch und Milchprodukte

b) pflanzliche
Hülsenfrüchte, Sojaprodukte,
Kartoffeln, Vollkornprodukte

Vegetarier:
Essen kein
Fleisch, Fisch

Fisch nach mexikanischer Art

Menge	Zutaten	Zubereitung
2–3	Fischfilet (TKK oder frisch)	– über das Fischfilet träufeln
1–2 EL	Zitronensaft	– Filet beidseitig würzen
etwas	Salz, Pfeffer	– erhitzen, Fisch auf beiden Seiten kurz bräunen und
2 EL	Öl	in eine mit Öl gefettete feuerfeste Form legen
1–2	Zwiebel	– in Würfel schneiden
1	Paprika	
100 g	Kürbiskerne	– hacken
		– Zwiebel, Paprika und Kürbiskerne in Öl anbraten
2	Orangen (gepresst oder ⅛ l Saft)	– aufgießen und über den Fisch verteilen
		– den Fisch zugedeckt backen
		Temperatur: 180 °C
		Zeit: 20–30 Min.
2 EL	Petersilie	– hacken, Gericht damit garnieren

Beilagen: Salzkartoffeln oder Baguette, grüner Salat

Gesunde Ernährung – die Qual der Wahl

Artikulation:

Anfangsphase: Zitat, Diskussion
1. Teilziel: Zubereiten der Pizza
2. Teilziel: Lernzirkel bzw. arbeitsteilige Gruppenarbeit
Schlussphase: Schüler vergleichen ihre Pizza mit einer Fertigpizza

Medien:

Folien für die Anfangs- und Schlussphase, kopierte (evtl. laminierte) Arbeitsaufgaben für den Lernzirkel, Augenbinde, Obst (siehe Lernzirkel), Textstreifen und Pfeil, verschiedene naturbelassene und industriell stark verarbeitete Lebensmittel (siehe Lernzirkel), Tiefkühlpizza zum Vergleich, Kräuter, Arbeitsblatt

Lernziele:

Die Schüler sollen …
… verschiedene Gütesiegel kennen lernen.
… Wissen für einen ernährungsbewussten Einkauf erwerben.
… über Vor- und Nachteile von Fertigprodukten in unserer modernen Gesellschaft nachdenken.

Hinweis:

Für die Schlussphase sollte eine Fertigpizza zubereitet werden. In einer Gruppe kann evtl. ein Fertigteig verwendet werden.

Folien (Anfangsphase)

„Wer nichts anzweifelt, prüft nichts.
Wer nichts prüft, entdeckt nichts.
Wer nichts entdeckt, ist blind und bleibt blind."

Teilhard de Chardin (Französischer Philosoph)

Lernzirkel bzw. arbeitsteilige Gruppenarbeit (2. Teilziel)

Aufgabe: Wie erkenne ich frische Lebensmittel?

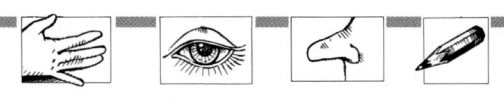

1. Verbinde einem Partner die Augen. Lass ihn das Obst/Gemüse betasten und beurteilen, ob dieses frisch ist oder nicht.
2. Betrachtet nun die verschiedenen Gemüse- oder Obststücke mit euren Augen. Woran könnt ihr erkennen, ob diese frisch sind oder nicht?
3. Riecht am Obst und am Gemüse. Was stellt ihr fest?
4. Formuliert einen Merksatz für den Einkauf von frischem Obst und Gemüse und tragt ihn auf dem Arbeitsblatt neben ein passendes Bild ein.

Medien:
Arbeitsaufgabe, Augenbinde, frisches und welkes Obst oder Gemüse der gleichen Sorte, Arbeitsblatt

Unterrichtssequenzen Hauswirtschaftlich-sozialer Bereich, © Auer Verlag GmbH, Donauwörth
Als Kopiervorlage freigegeben

Aufgabe: So frisch wie möglich!

1. Lies den Text durch.
2. Sortiere die Textstreifen nach dem Vitamin- und Mineralstoffgehalt.
3. Formuliere einen Merksatz und trage ihn auf deinem Arbeitsblatt neben ein passendes Bild ein.

Die Nährwertkiller Wasser, Luft, Licht und Hitze verringern den Vitamin- und Mineralstoffgehalt in den Lebensmitteln bei der Lagerung, Vor- und Zubereitung. Es ist daher wichtig, Obst und Gemüse möglichst frisch zu essen. Gemüse, das tagelang im Supermarkt oder Kühlschrank gelagert wird, kann schon mehr als die Hälfte seiner Vitamine und Mineralstoffe verloren haben, bevor wir es essen.

Medien:
Arbeitsaufgabe, verschiedene Lebensmittel, Textstreifen, Pfeil, Arbeitsblatt

+ Vitamine, Mineralstoffe −

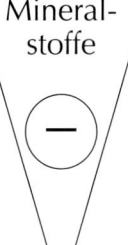

- Frisches und reif geerntetes Gemüse vom Markt
- Tiefgefrorenes Gemüse, das gleich nach der Ernte schockgefrostet wurde
- Gemüse, das 1 Woche kühl gelagert wurde
- Gemüse, das 1 Woche bei Zimmertemperatur gelagert wurde
- Dosengemüse

Aufgabe: So natürlich wie möglich!

1. Lies den Text durch.
2. Betrachte die verschiedenen Lebensmittel.
3. Ordne sie nach „naturbelassen" und „industriell stark verarbeitet".
4. Übernimm zwei Regeln für eine natürliche, gesunde Ernährung und trage sie auf deinem Arbeitsblatt neben den passenden Bildern ein.

Der Ernährungswissenschaftler Professor Werner Kollath hat den Grundsatz **„Lasst die Nahrung so natürlich wie möglich!"** geprägt. Je mehr ein Lebensmittel verarbeitet wird, desto geringer wird der gesundheitliche Wert. Er stellte folgende Regeln auf:

– Iss möglichst viel Obst und Gemüse, am besten roh.
– Bevorzuge Vollkornprodukte (Brot, Reis, Nudeln usw.).
– Bevorzuge Produkte aus dem regionalen, ökologischen Anbau.
– Verwende möglichst wenig Fertigprodukte.

Medien:
Arbeitsaufgabe, verschiedene Lebensmittel: z. B. Reis (weiß, Vollkorn), Mehl (weiß, Vollkorn), Toastbrot, Vollkornbrot, frisches Obst, Apfelmus, Dosenobst, frisches Gemüse, Honig, weißer Zucker, Fertigprodukte, Textstreifen, Arbeitsblatt

| naturbelassen | industriell stark verarbeitet |

Aufgabe: Ökologisch contra konventionell

1. Lies den Text durch.
2. Formuliere einen Merksatz und trage ihn in das Arbeitsblatt neben dem passenden Bild ein.

Wer sich gesund ernähren möchte, sollte eher Produkte aus dem ökologischen Anbau (Verzicht auf chemische Dünge- und Pflanzenschutzmittel) kaufen. Studien haben gezeigt, dass biologisch angebautes Obst und Gemüse wesentlich weniger Rückstände von Schädlingsbekämpfungsmitteln haben als konventionell angebautes Obst und Gemüse. Auch der Vitamin- und Mineralstoffgehalt ist bei Bio-Ware meist wesentlich höher.

Medien:
Arbeitsaufgabe,
Arbeitsblatt

Aufgabe: Gütesiegel helfen bei der Wahl

1. Betrachte die verschiedenen Gütesiegel und lies die Texte.
2. Überlege, warum Gütesiegel sinnvoll sind.
3. Formuliere ein bis zwei Merksätze und trage sie auf deinem Arbeitsblatt neben den passenden Bildern ein.

Das staatliche Zeichen „Geprüfte Qualität – Bayern" für Rinder und Rindfleisch garantiert bessere Kontrolle und einen Herkunftsnachweis.

Das staatliche Zeichen „Öko-Qualität garantiert" steht für ökologische Produkte, prüft umweltgerechte Erzeugung, schonende Verarbeitung und regionale Herkunft der Produkte.

Das staatliche „Bio-Siegel" für Lebensmittel aus ökologischem Landbau garantiert artgerechte Tierhaltung, Verzicht auf lösliche, mineralische Dünger, Verbot gentechnisch veränderter Organismen usw.

Folgende Bio-Zeichen werden von ökologischen Anbauverbänden verliehen:

Bioland ÖKOLOGISCHER LANDBAU   **demeter**   **Naturland**

Medien:
Arbeitsaufgabe,
Arbeitsblatt

Aufgabe: Vor- und Nachteile von Fertigprodukten

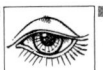

1. Lies die Vor- und Nachteile von Fertigprodukten und selbst zubereiteten Speisen durch.
2. Ordne die Punkte der zutreffenden Pizza mit Pfeilen zu.
3. Überlege dir einen Merksatz, wie du Fertigprodukte etwas gesünder machen kannst, und trage ihn auf deinem Arbeitsblatt neben dem passenden Bild ein.

Fertigprodukte

- Schnelle Zubereitung
- Individueller Geschmack
- Individuelle Zutatenauswahl
- Hat ungesunde Zusatzstoffe
- Mehr Spaß beim Kochen
- Kostet mehr Geld
- Schmeckt besser
- Stark industriell verarbeitet

Selbst hergestellte Pizza

Medien:
Arbeitsaufgabe,
Kräuter
(z. B. Petersilie,
Schnittlauch,
Basilikum),
verschiedene
Fertigprodukte,
z. B. Dosenravioli,
tiefgekühlte
Fertigmahlzeiten,
Tiefkühlpizza usw.,
Arbeitsblatt

Folie (Schlussphase)

Die Bewertung erfolgt durch Kreuze oder Pluszeichen.

Pizza kaufen oder selber machen?

Bewertung	Selbst hergestellte Pizza	Pizza mit Fertigteig	Fertigpizza aus der Tiefkühltruhe
Geschmack			
Zeitersparnis			
Preis			
gesundheitlicher Wert			

Lösungsvorschlag

Bewertung	Selbst hergestellte Pizza	Pizza mit Fertigteig	Fertigpizza aus der Tiefkühltruhe
Geschmack	XXX	XX	X
Zeitersparnis	X	XX	XXX
Preis	X	XX	XXX
gesundheitlicher Wert	XXX	XX	X

Lösungsvorschlag zu S. 87

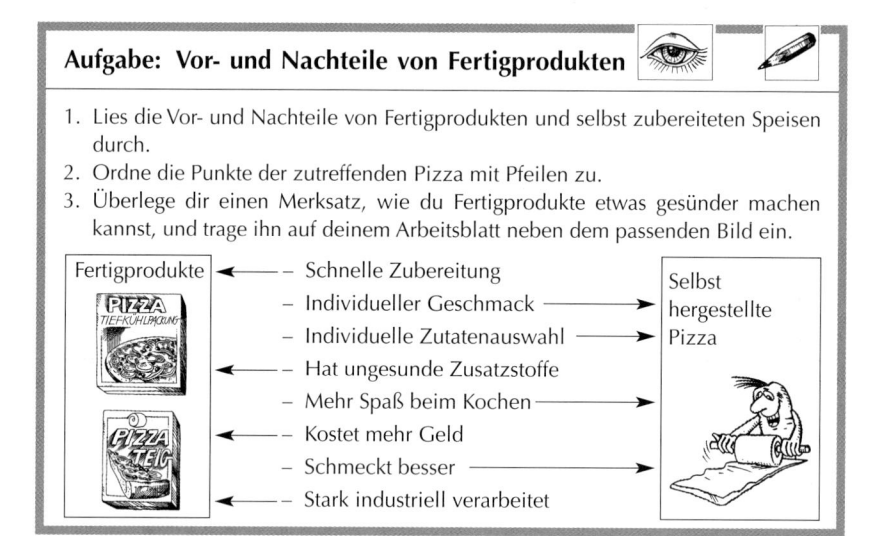

Aufgabe: Vor- und Nachteile von Fertigprodukten

1. Lies die Vor- und Nachteile von Fertigprodukten und selbst zubereiteten Speisen durch.
2. Ordne die Punkte der zutreffenden Pizza mit Pfeilen zu.
3. Überlege dir einen Merksatz, wie du Fertigprodukte etwas gesünder machen kannst, und trage ihn auf deinem Arbeitsblatt neben dem passenden Bild ein.

Fertigprodukte ←
- Schnelle Zubereitung
- Individueller Geschmack → Selbst hergestellte Pizza
- Individuelle Zutatenauswahl →
← Hat ungesunde Zusatzstoffe
- Mehr Spaß beim Kochen →
← Kostet mehr Geld
- Schmeckt besser →
← Stark industriell verarbeitet

Lösungsvorschlag zu S. 89

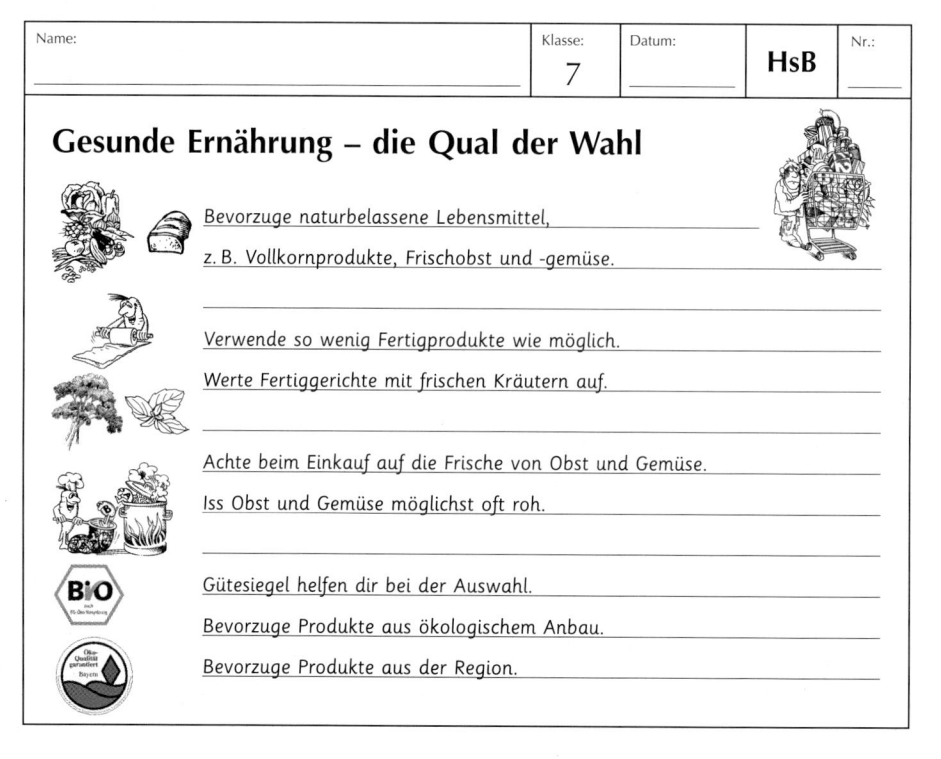

Name: ___ Klasse: 7 Datum: ___ HsB Nr.: ___

Gesunde Ernährung – die Qual der Wahl

Bevorzuge naturbelassene Lebensmittel, z. B. Vollkornprodukte, Frischobst und -gemüse.

Verwende so wenig Fertigprodukte wie möglich.
Werte Fertiggerichte mit frischen Kräutern auf.

Achte beim Einkauf auf die Frische von Obst und Gemüse.
Iss Obst und Gemüse möglichst oft roh.

Gütesiegel helfen dir bei der Auswahl.
Bevorzuge Produkte aus ökologischem Anbau.
Bevorzuge Produkte aus der Region.

| Name: | Klasse: 7 | Datum: | HsB | Nr.: |

Gesunde Ernährung – die Qual der Wahl

_____

_____

_____

_____

_____

_____

_____

_____

_____

Pizza

Menge	Zutaten	Zubereitung
200 g	Mehl	– in eine Rührschüssel sieben
1 Packung	Trockenhefe	– untermischen
½ TL	Salz	– zugeben
⅛ l	lauwarmes Wasser	– von der Mitte aus mit dem Handrührgerät (Knethaken) einkneten
3 EL	Öl	– zugeben und einkneten
	(oder Pizza-Fertigteig)	– Teig auf dem Backbrett von Hand weiterkneten, bis ein geschmeidiger Teig entsteht
		– Teig auswellen, in eine gefettete Springform oder auf ein Backblech legen
	Soße:	
1 Packung	pürierte Tomaten	– vermischen und auf dem Teig verteilen, mit weiteren Zutaten nach Wunsch belegen (siehe unten)
etwas	Salz, Pfeffer, Pizzagewürz	
1 EL	gewiegte Petersilie	
150 g	Reibkäse	– über den Belag verteilen und backen

Temperatur: 200 °C
Zeit: ca. 25 Min.

Variationen:
– **Vegetarische Pizza** (z. B. Zwiebelwürfel, Zucchinischeiben, Blattspinat …)
– **Salami-Pizza** (Zwiebelwürfel, Salamischeiben, Peperoni, Oliven …)
– **Schinken-Pizza** (z. B. Paprika in Streifen, Zwiebelwürfel, Schinkenstreifen …)

Unterrichtssequenzen Hauswirtschaftlich-sozialer Bereich, © Auer Verlag GmbH, Donauwörth
Als Kopiervorlage freigegeben

Rezeptbausteine zum Austauschen

Im Folgenden finden Sie eine Anzahl von Rezepten als Alternativen. Die Angabe des zutreffenden Rezeptbausteines ist sowohl im klassengebundenen Lehrplan (siehe S. 8–14) als auch in der jeweiligen Unterrichtseinheit aufgeführt. Die Rezeptbausteine besitzen jeweils die gleiche Größe; dadurch können sie leicht auf den Arbeitsblättern ausgetauscht werden. Weitere Austauschmöglichkeiten, auch mit dem 1. Band der Reihe, sind zudem möglich.

Fruchtcocktail mit Joghurtsoße

Menge	Zutaten	Zubereitung
500 g	frisches Obst – nach jahreszeitlichem Angebot – farblich gemischt	– Obst je nach Art vorbereiten: waschen, putzen, schälen und in gleichmäßige Stücke schneiden
etwas	Zitronensaft	– über das Obst träufeln, durchmischen
1 Päckchen	Vanillezucker	
1–2 EL	gemahlene Nüsse, Mandeln oder Kokosflocken	– untermischen
etwas	Zucker oder Honig	– evtl. abschmecken und in Schälchen füllen
100 ml	Schlagsahne	– schlagen
150 g	Naturjoghurt	– auf niedriger Stufe unterrühren
3–4 EL	weiches Vanilleeis	
etwas	Zucker (evtl. Vanillezucker)	– abschmecken, über den Fruchtsalat geben
	Schokoraspeln	– zum Garnieren

Weintraubenbecher mit Knusperflocken

Menge	Zutaten	Zubereitung
1 EL	Butter	– schmelzen
3–4 EL	Haferflocken	
1 EL	ger. Nüsse oder Mandelblättchen	– zugeben und unter ständigem Rühren goldgelb rösten
1 EL	Zucker	
		– Flocken abkühlen lassen
125 g	grüne Weintrauben	– waschen, halbieren, Kerne herauslösen
125 g	blaue Weintrauben	– Trauben in Glasschälchen verteilen
100 ml	Sahne	– schlagen
150 g	Naturjoghurt	
250 g	Magerquark	
1 Päckchen	Vanillezucker	– restliche Zutaten zugeben, verrühren und über die Trauben geben
¼ TL	Zimt	
1–2 EL	Zucker	
		– mit den Knusperflocken garnieren

Chefsalat

Menge	Zutaten	Zubereitung
½ Kopf	Eissalat	– waschen, putzen, zerkleinern
1	Tomate	– waschen, Strunk entfernen, in Achtel schneiden
¼	Salatgurke	– waschen, schälen, in halbe Scheiben schneiden
1	Karotte	– waschen, schälen, raspeln
½ Dose	Mais	– abtropfen lassen
½	Zwiebel	– in feine Halbringe schneiden
50 g	gekochter Schinken	– in feine Streifen schneiden
50 g	Schnittkäse, z. B. Gouda	
		– alle Zutaten in einer Salatschüssel vermischen
150 g	**Dressing:** Naturjoghurt	
50 ml	Sahne	
n. B. 1 EL	Mayonnaise	
2–3 EL	Essig	– alle Zutaten verrühren, abschmecken, über den Salat gießen
½ TL	Zucker	
½–1 TL	Salz	
etwas	Pfeffer	
2 EL	gehackte Salatkräuter	
1–2	gekochte Eier	– schälen, in Scheiben schneiden, den Salat damit anrichten

Diesen Rezeptbaustein können Sie in der Unterrichtseinheit „Wir bedienen den Herd fachgerecht", (Band 1, S. 27–32) verwenden.

HsB 7 / Band 1

Kartoffel-Lauch-Suppe

Menge	Zutaten	Zubereitung
200 g	Lauch	– putzen, waschen, in feine Halbringe schneiden
400 g	Kartoffeln	– waschen, schälen, in ca. 1 cm große Würfel schneiden
20 g	Butter	– Lauch in Butter 5 Min. andünsten, Kartoffeln zugeben und mitdünsten
1 geh. EL	Mehl	– darüber stäuben, gut unterrühren
750 ml	Gemüsebrühe (Instant)	– aufgießen, Suppe ca. 10 Min. garen, nach Belieben pürieren
½–1 TL	Zucker	
50 g	geriebener Gouda	– zugeben, Käse schmelzen lassen
100 ml	Sahne	
etwas	Salz, Pfeffer, Muskatnuss	– Suppe abschmecken
1 Scheibe	gekochter Schinken	– in feine Streifen schneiden
einige	Petersilienblättchen	– Suppe anrichten

| Name: | Klasse: 7 | Datum: | HsB | Nr.: |

Erst denken, dann arbeiten!

Aufgabe: 1. Überlege, wie die Zubereitung zu kurzen Arbeitsschritten zusammengefasst werden kann.
2. Verwende die Wörter in den Gedankenblitzen des Koches. Tausche nur das Wort „Gericht" mit dem tatsächlichen Namen des Gerichtes aus.

Gemüsebratlinge

Menge	Zutaten	Zubereitung	Arbeitsschritte
1 1 1 1 3–4	Zwiebel kleine Zucchini kleine Karotte Sellerieknolle Kartoffeln	– in feine Würfel schneiden – Gemüse waschen, putzen – waschen, schälen – Gemüse fein reiben, den Saft mit Hilfe eines Tuches auspressen	1. _____ 2. _____
1 1 TL etwas 2–3 EL 1 TL	Ei Salz Muskat Grieß oder Mehl Oregano oder Majoran	– zugeben und locker vermischen	3. _____ 4. _____
ca. 1 EL	wasserfreies Fett zum Ausbacken (Butterschmalz, Plattenfett, Öl)	– in einer Pfanne **sehr heiß** werden lassen, mit einem Esslöffel kleine (dünne) Bratlinge formen und auf beiden Seiten knusprig und goldbraun braten	5. _____

Feldsalat mit Radieschen

Menge	Zutaten	Zubereitung	Arbeitsschritte
100 g ½ 4–6	Feldsalat Zwiebel Radieschen **Marinade:**	– putzen, waschen, abtropfen – in Würfel schneiden – in Scheiben schneiden	1. _____
2 EL 2 EL etwas ½ TL	Essig Öl Salz, Pfeffer Senf	– Zutaten der Marinade vermischen und abschmecken – Salat kurz vor dem Servieren marinieren	2. _____ 3. _____

Organisationsplan

Vorbereitung 1. _____

Durchführung 2. _____

3. _____
4. _____
5. _____
6. _____
7. _____
8. _____

Bedenke!

Unterrichtssequenzen Hauswirtschaftlich-sozialer Bereich, © Auer Verlag GmbH, Donauwörth
Als Kopiervorlage freigegeben

Lösungsvorschlag zu S. 92

| Name: | Klasse: 7 | Datum: | HsB | Nr.: |

Erst denken, dann arbeiten!

Aufgabe: 1. Überlege, wie die Zubereitung zu kurzen Arbeitsschritten zusammengefasst werden kann.
2. Verwende die Wörter in den Gedankenblitzen des Koches. Tausche nur das Wort „Gericht" mit dem tatsächlichen Namen des Gerichtes aus.

Gemüsebratlinge

Menge	Zutaten	Zubereitung	Arbeitsschritte
1 1 1 1 3–4	Zwiebel kleine Zucchini kleine Karotte Sellerieknolle Kartoffeln	– in feine Würfel schneiden – Gemüse waschen, putzen – waschen, schälen – Gemüse fein reiben, den Saft mit Hilfe eines Tuches auspressen	1. <u>Geräte und Zutaten bereitstellen</u> 2. <u>Zutaten schneiden und reiben</u>
1 1 TL etwas 2–3 EL 1 TL	Ei Salz Muskat Grieß oder Mehl Oregano oder Majoran	– zugeben und locker vermischen	3. <u>Teig für Bratlinge herstellen</u> 4. <u>Bratlinge braten</u>
ca. 1 EL	wasserfreies Fett zum Ausbacken (Butterschmalz, Plattenfett, Öl)	– in einer Pfanne **sehr heiß** werden lassen, mit einem Esslöffel kleine (dünne) Bratlinge formen und auf beiden Seiten knusprig und goldbraun braten	5. <u>Bratlinge servieren</u>

Feldsalat mit Radieschen

Menge	Zutaten	Zubereitung	Arbeitsschritte
100 g ½ 4–6	Feldsalat Zwiebel Radieschen **Marinade:**	– putzen, waschen, abtropfen – in Würfel schneiden – in Scheiben schneiden	1. <u>Zutaten waschen und schneiden</u>
2 EL 2 EL etwas ½ TL	Essig Öl Salz, Pfeffer Senf	– Zutaten der Marinade vermischen und abschmecken – Salat kurz vor dem Servieren marinieren	2. <u>Marinade herstellen</u> 3. <u>Salat fertig stellen (marinieren)</u>

Organisationsplan

Vorbereitung 1. <u>Geräte und Zutaten bereitstellen</u>

Durchführung 2. <u>Zutaten für Feldsalat waschen und schneiden</u>

3. <u>Marinade herstellen</u>
4. <u>Zutaten für Bratlinge schneiden und reiben</u>
5. <u>Teig für Bratlinge herstellen</u>
6. <u>Bratlinge braten</u>
7. <u>Salat fertig stellen (marinieren)</u>
8. <u>Gemüsebratlinge und Salat servieren</u>

Bedenke!

<u>Wartezeiten sinnvoll nutzen</u>

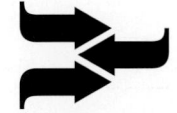

<u>Arbeitsschritte ineinander schieben</u>

Diesen Rezeptbaustein können Sie in der Unterrichtseinheit „Einkauf von Obst und Gemüse" (Band 1, S. 134–137) verwenden.

Gebackene Apfelspeise mit Vanillesoße

Menge	Zutaten	Zubereitung
etwas	Butter oder Margarine	Auflaufform einfetten, Ofen vorheizen
3–4	säuerliche Äpfel, z. B.	– waschen, schälen, um das Kernhaus herum raspeln oder entkernt in Würfel schneiden
1/8	Zitrone	– auspressen und über die Äpfel gießen
2–3 EL	Zucker	– über die Äpfel geben und vermischen
1/4 TL	Zimt	
2	Eier	– trennen, Eiklar zu Schnee schlagen
80 g	Butter	– mit dem Eigelb zu einer Schaummasse verrühren
50 g	Zucker	
1 Päckchen	Vanillezucker	
1/8	Zitrone (abgeriebene Schale)	– zugeben und mit den Äpfeln vorsichtig unterrühren
80 g	gemahlene Nüsse oder Mandeln	– den Eischnee unterheben, die Masse in die Auflaufform geben und sofort backen
		Temperatur: 180 °C
		Zeit: 35–45 Min.
etwas	Puderzucker	– Auflauf bestäuben
evtl.	Vanillesoße oder Vanilleeis	– zum Auflauf servieren

Lösungsvorschlag für Äpfel: Boskop

Salatplatte mit Dressing

Nr.	Menge	Zutaten	Zubereitung
	1/4	Kopf- oder Eissalat	– waschen, putzen, in mundgerechte Stücke teilen
	1 kleiner	Radicchio	– waschen, putzen, Blätter vierteln
	1/2	Fenchelknolle	– waschen, putzen, in feine Streifen schneiden
	1/4	Salatgurke	– waschen, schälen, in Scheiben schneiden
	1–2	Tomaten	– waschen, schälen, in Achtel schneiden
	1	Karotte	– waschen, schälen, fein reiben
	4 Stangen	Spargel (Glas)	– abtropfen lassen
___	2	hart gekochte Eier	– schälen, in Achtel schneiden
___	4 Scheiben	gekochter Schinken	– aufrollen
			– Zutaten auf einer großen Platte anrichten
	100 g	**Dressing:** Crème fraîche	
	150 g	Naturjoghurt	
	50 ml	Sahne	– alle Zutaten gut miteinander verrühren und abschmecken
___	1/2–1	Knoblauchzehe, gepresst	– Salatdressing in ein Schälchen füllen und getrennt servieren
___	1/4	Zitrone, ausgepresster Saft	
___	1 TL	Zucker	
	1/2–1 TL	Salz	
		weißer Pfeffer	
___	1/4 Bund	Dill, fein gehackt	
___		Baguette oder Toastbrot	– dazu servieren

Lösung für die Lebensmittelgruppen (von oben nach unten): 3, 6, 6, 5, 3, 4, 8, 3, 2

Bunter Linsensalat mit Kräutercreme

Menge	Zutaten	Zubereitung
100 g ¼ TL 200 ml	rote Linsen Salz kochendes Wasser	– im Sieb kalt überbrausen – Linsen im Salzwasser nach Packungsangabe garen, kalt abschrecken
¼ 1 1 1 1 1 Bund 1 Bund	Römersalat (oder Kopfsalat) Zucchini Apfel Paprikaschote (gelb) Chilischote (rot) Frühlingszwiebeln Petersilie	– Gemüse je nach Art vorbereiten und zerkleinern – Salat und Linsen auf einem Teller anrichten
150 g 50 g 1 EL 3 EL ½ TL ½ TL etwas reichlich	Joghurt Crème fraîche Zitronensaft Essig Zucker Salz Pfeffer frische, gehackte Kräuter Petersilienblätter	– alle Zutaten verrühren und abschmecken – Kräutercreme auf dem Salatteller anrichten – zum Garnieren

Toastbrot oder Baguette dazu servieren.

Nudeln mit bunter Gemüsesoße

Menge	Zutaten	Zubereitung
3–4 l 2–3 TL 400 g	Wasser Salz Nudeln, z. B. Rigatoni	– zum Kochen bringen – zugeben – nach Packungsanweisung bissfest (= al dente) kochen, dann abseihen und warm halten
je 1 1 1 ½ Dose 2 EL	rote und grüne Paprikaschote Zwiebel Lauchzwiebel Mais Olivenöl	– vorbereiten, in feine Würfel schneiden – waschen, putzen, in feine Ringe schneiden – abtropfen lassen – in einem Topf erhitzen – Zwiebel glasig dünsten – Gemüse zugeben und 5 Min. mitdünsten
1 200 ml 150 g je 1 TL	Knoblauchzehe Sahne geriebener Gouda (jung) weißer Pfeffer Basilikum und Oregano	– dazupressen – zugießen und kurz aufkochen lassen – zugeben und unter Rühren in der Sahne schmelzen – Soße würzen, abschmecken – Nudeln auf Tellern verteilen, mit Soße übergießen

Dazu getrennt geriebenen Käse (z. B. Parmesan) servieren.

Rezeptverzeichnis

Rezept **Seite**

Rezept	Seite
Apfelspeise, gebackene, mit Vanillesoße	94
Chefsalat	91
Chinakohlsalat mit Früchten	57
Couscous-Salat, bunter	71
Feldsalat mit Radieschen	92
Fisch nach mexikanischer Art	83
Folienkartoffeln mit Sauerrahmsoße	64
Fruchtcocktail mit Joghurtsoße	90
Früchte im Schnee	77
„Fürst-Pückler"-Quarkspeise	37
Gemüsebratlinge	92
Kartoffel-Lauch-Suppe	91
Linsensalat, bunter, mit Kräutercreme	95
Milch-Mix-Getränke	77
Nudeln mit bunter Gemüsesoße	95
Paprika-Hackfleisch-Eintopf	46
Paprikasalat, ungarischer	41
Pizza	89
Salatplatte mit Dressing	94
Schnittlauchecken	57
Vollkornreis, gekochter	46
Weintraubenbecher mit Knusperflocken	90